KiW
PAPERBAC
1082

Das Buch

Heute vor 90 Jahren, im Januar 1919, wählten zum ersten Mal in der deutschen Geschichte nicht nur Männer, sondern auch Frauen die Abgeordneten des deutschen Reichstags. Das allgemeine Wahlrecht für Frauen war nach langen Kämpfen Wirklichkeit geworden.
Und heute? Welche Rolle spielen Frauen in der Politik? Wie sehen politische Karrieren von Frauen aus? Was motiviert Frauen, sich politisch zu engagieren? Welche Hindernisse müssen auch heute noch überwunden werden?
Die Journalistinnen Tissy Bruns und Chantal Louis sprechen ungeschminkt und offen mit den führenden Politikerinnen dieses Landes über ihre Anfänge, über ihre Erfolge und Niederlagen in der Politik: mit Ursula von der Leyen, Ulla Schmidt, Andrea Nahles, Renate Künast, Petra Pau und vielen anderen. Und Kanzlerin Angela Merkel erzählt von ihrem eigenen steilen Weg in die Politik.
EMMA erinnert an den leidenschaftlichen Kampf von Frauen für das Wahlrecht vor über einem Jahrhundert. Denn was heute selbstverständlich scheint, das galt damals noch als skandalöse, ja völlig verrückte Forderung. Nicht nur notorische Frauenfeinde waren gegen das Frauenstimmrecht, sondern lange auch alle Parteien, von rechts bis links. Doch dann taten die Frauen sich zusammen, weltweit: von der scharfzüngigen Hedwig Dohm in Deutschland über die kämpferische Emily Pankhurst in England bis zur legendären Susan B. Anthony in Amerika.

Die Autorinnen

Tissy Bruns, geboren 1951, ist Chefkorrespondentin des »Tagesspiegel«. Von 1991 bis 1999 war sie für »taz«, »Stern«, »Wochenpost« und »Die Welt« als Parlamentskorrespondentin in Bonn tätig, von 1999 bis 2003 – als erste Frau in diesem Amt – Vorsitzende der Bundespressekonferenz.

Chantal Louis, geboren 1969, hat Journalistik und Politikwissenschaften in Dortmund studiert. Volontariat bei den »Ruhr-Nachrichten«, seit 1994 ist sie Redakteurin bei »Emma«, sowie frei tätig für WDR und Deutschlandfunk.

Alice Schwarzer, geboren 1942, Journalistin und Essayistin, seit 1971 eine der erfolgreichsten Buchautorinnen in Deutschland. Ihre Bücher sind in zahlreiche Sprachen übersetzt. Seit 1977 Verlegerin u. Herausgeberin v. EMMA.

Weitere Titel bei Kiepenheuer & Witsch

u. a. »Alice Schwarzer/Simone de Beauvoir, Weggefährtinnen im Gespräch«, KiWi 1021, 2008. »Romy Schneider. Mythos und Leben«, KiWi 1074, 2008. »Marion Dönhoff. Ein widerständiges Leben«, KiWi 1075, 2008.

ALICE SCHWARZER

DAMENWAHL

Vom Kampf um das Frauenwahlrecht bis zur ersten Kanzlerin

Mit Texten von TISSY BRUNS & CHANTAL LOUIS

Geleitwort von Kanzlerin Merkel

Kiepenheuer & Witsch

1. Auflage 2008

Umschlagmotiv vorne: © ullstein bild
Umschlaggestaltung und Satz: Barbara Thoben, Köln
Gesetzt aus der Stempel Garamond und der DIN
Druck und Bindearbeiten: CPI – Clausen & Bosse, Leck
ISBN 978-3-462-04068-5

Das vorliegende Buch wurde durch das Bundesministerium für Familie, Senioren, Frauen und Jugend (BMFSFJ) gefördert.

INHALT

ALICE SCHWARZER
NICHT GESCHENKT!

Wie kommen Frauen eigentlich in die Politik? Und warum erhielten sie erst lange nach den Männern, nämlich vor genau 90 Jahren, das Stimmrecht? Vor allem aber: Was fangen sie heute mit diesem Recht an?

Tissy Bruns und Chantal Louis haben sich auf die Spuren von Spitzenpolitikerinnen begeben, bis zurück zu deren oft naiven, tastenden Anfängen, bis zum »ersten Mandat«. Die hier auch erzählte Geschichte des Wahlrechts zeigt uns, dass wir Frauen dieses Recht keinesfalls geschenkt bekamen, sondern es von Frauenrechtlerinnen in einem über Jahrzehnte, ja Jahrhunderte währenden Kampf hart errungen wurde – und sie manchmal sogar ihr Leben dafür ließen. Und die Analyse des Gender Gap von 1919 bis 2008 belegt, dass das unterschiedliche Wahlverhalten der Geschlechter zwar der verschwiegendste, gleichzeitig jedoch oft ein entscheidender Faktor bei Wahlsiegen und Wahlniederlagen ist. Nur:

Weder die Wählerinnen selbst, noch die Medien, Demoskopen oder Parteien scheinen es wahrnehmen zu wollen.

In diesem Buch ist also viel Neues und Überraschendes zu lesen. Nicht zuletzt darüber, wie stark die Motive der Spitzenpolitikerinnen für ihr Engagement in der Parteipolitik variieren, je nach Zeitgeist, jedoch unabhängig von Parteizugehörigkeit. So ist die Generation, die noch in oder kurz nach der Nazizeit zur Welt kam, tief geprägt von dieser Zeit. Der Impuls *Nie-wieder-Diktatur!* und *Nie-wieder-Holocaust!* hat Hildegard Hamm-Brücher (FDP) oder Heidemarie Wieczorek-Zeul (SPD) ebenso in die Politik getrieben wie Ursula Männle (CSU). Die 68er- und Post-68er-Bewegung schwemmte die grüne Renate Künast und die rote Ulla Schmidt oder auch, indirekt, die schwarze Annette Schavan in die Parteipolitik. Und auch der Aufbruch der Ost-Politikerinnen von der Diktatur in die Demokratie gleicht sich irgendwie, unabhängig davon, ob sie dann letztendlich bei den Sozial- oder Christdemokraten bzw. der Linken gelandet sind.

Ich selber habe viele der Texte nicht ohne Rührung gelesen, allen voran den über den Kampf der Frauen um das Wahlrecht. Und ich habe mir gesagt: Nie mehr, Alice, nie mehr wirst du aus Protest nicht wählen gehen! Denn auch ich bin, wie viele, in den vergangenen 39 Jahren meiner Wahlberechtigung durchaus schon mal aus Zorn am Wahlsonntag zu Hause geblieben. (Was mich allerdings nie hindern konnte, als Journalistin meinen Teil zur Politik, und damit vermutlich auch zum Wählen, beizutragen.) Aus dem Zorn einer – lebenslang – Parteilosen über »meine« Partei, meist, weil sie die Frauen mal wieder völlig vergessen oder gar verraten hatte. Damit bin ich durchaus typisch für eine Entwicklung, die WählerInnen zunehmend resignieren lässt. Doch bin ich wohl ebenso typisch für eine Entwicklung, in der sich, in Zeiten der rasanten Annäherung der Volksparteien, gleichzeitig das traditionsverhaftete, oft schon familienbegründete Verhalten der WählerInnen lockert, sodass das Kreuz nun von Fall zu Fall mal da oder da gemacht wird – je nach Sach- und Personalfragen.

Das war nicht immer so. Ich erinnere mich nur zu gut an das Jahr 1961, da war ich 19, kam aus einer politisch sehr bewussten Familie, aber durfte noch nicht wählen (damals wurde man erst mit 21 volljährig). Also agitierte ich im Wahlkampf von morgens bis abends für »meine« Partei (womit ich vermutlich allen kräftig auf den Wecker fiel). Meine Partei, das war damals die Deutsche Friedensunion (DFU), von der »die Anderen« sagten, sie sei »von drüben finanziert«. Was ich mit Hohngelächter quittierte. Nun ja, spätestens seit der Wende wissen wir, dass es wohl so war. Doch schon lange zuvor hatte ich begriffen, dass Leidenschaft und Loyalität um jeden Preis nicht immer der beste Ratgeber sind beim Wählen.

1965 durfte ich dann, endlich!, zum ersten Mal wählen. (Da war ich allerdings schon längst durch mit der DFU.) Zum Zeitpunkt dieser Wahlen lebte ich in Paris. Doch ich ließ es mir beim ersten Mal nicht nehmen, den Zug nach Wuppertal zu besteigen, um mein so bedeutendes Kreuzchen in meiner Heimatstadt persönlich zu machen. 1972 dann, als politische Korrespondentin in Paris, begnügte ich mich schon mit der nüchterneren Briefwahl. Denn inzwischen hatte ich ein weiteres, mir vielversprechender scheinendes Betätigungsfeld entdeckt: die außerparlamentarische Opposition, genauer gesagt – die Frauenbewegung.

Mir war klar geworden, dass wir Frauen von keiner Partei, von links bis rechts, etwas zu erwarten hatten. Und in der Tat, alle folgenden politischen Reformen für mehr Schutz von Frauen und Kindern oder mehr Gerechtigkeit zwischen den Geschlechtern sind ausschließlich dem Impuls bzw. Druck »von der Straße« zu verdanken: von der Reform des § 218 bis hin zum immer noch nicht eingelösten Gebot eines gleichen Lohns bei gleicher Arbeit; nicht selten im Schulterschluss zwischen Feministinnen draußen und frauenbewegten Politikerinnen drinnen.

Ab den 1980er-Jahren waren die ersten engagierten Frauen auf ihrem Weg durch die Institutionen dann an Schaltstellen der Politik angelangt – und bis dato weniger Engagierte begannen zu begreifen, dass »ihre« Partei strukturell weiterhin Männersache war und ist (und das bis heute, trotz Kanzlerin). Klar wurde, dass sich (fast) niemand für die Interessen von Frauen einsetzt, es sei denn, sie selbst. Was allerdings keineswegs im Umkehrschluss bedeutet, dass alle weiblichen Politiker sich automatisch auch für die Belange ihres Geschlechts engagieren. Das zeigen auch die Porträts in diesem Buch. Gleichzeitig fällt auf, dass das Engagement von Politikerinnen für Frauen keineswegs eine Frage der Parteizugehörigkeit ist.

Eine der ersten und couragiertesten deutschen Kämpferinnen für das Frauenstimmrecht war die brillante, unerschrockene Hedwig Dohm (1831–1919, s. S. 187). Von ihr stammt der schöne Satz: »Mehr Stolz, ihr Frauen!« Was wählenden und gewählten Frauen bis heute zu wünschen wäre. Denn: Geschenkt worden ist uns das Wahlrecht nicht – wir sollten es also auch nicht verschenken.

ALICE SCHWARZER
KÖLN, OKTOBER 2008

BUNDESKANZLERIN ANGELA MERKEL
GELEITWORT ZUM FRAUENWAHLRECHT

Die zweite Hälfte des 19. Jahrhunderts war eine Zeit voller Umbrüche. Die industrielle Revolution nahm ihren Lauf. Und auch eine gesellschaftliche Revolution begann zu keimen: Erstmals pochten Frauen in Deutschland darauf, dieselben politischen Rechte wie Männer zu erhalten. Um der zentralen Forderung nach Gleichberechtigung Gewicht zu verleihen, gründeten couragierte Frauen schließlich 1902 den »Verein für Frauenstimmrecht«.

Doch im Grunde waren es damals noch Einzelkämpferinnen wie Hedwig Dohm, die den Weg für das Frauenwahlrecht und die gesellschaftliche Gleichberechtigung ebnen wollten. Sie waren ihrer Zeit weit voraus. Einige zentrale Erkenntnisse ihrer Arbeiten und daraus abgeleitete politische Forderungen sind heute Allgemeingut, so etwa das Recht von Frauen auf Bildung und Berufstätigkeit – damals alles andere als eine Selbstverständlichkeit.

Doch erst nach dem Ende des Ersten Weltkriegs sollte der Stein ins Rollen kommen. Die politische Landschaft befand sich im Umbruch und verhalf den Forderungen der Frauenrechtsbewegung zum Durchbruch. Im November 1918 fasste der sogenannte Rat der Volksbeauftragten den Beschluss, Frauen die volle Beteiligung am politischen Leben zu ermöglichen. So konnten Frauen bei der Wahl der Deutschen Nationalversammlung im Januar 1919 zum ersten Mal in Deutschland wählen – und zwar auch weibliche Abgeordnete. Das aktive und passive Wahlrecht für Frauen bei gleichen, freien und geheimen Wahlen wurde Wirklichkeit.

Nicht zu vergessen ist übrigens: Das gleiche und freie Wahlrecht wurde damals auch für alle Männer durchgesetzt. Bis dahin galt eine Art Dreiklassenwahlrecht, demnach kein Mann wählen durfte, der Armen-Unterstützung erhielt oder aktiv in Heer oder Marine diente. Bei der Wahlrechtsausübung wurde also nicht allein nach Geschlecht differenziert, sondern unter anderem auch nach Einkommen und Vermögen.

Meine eigene Erfahrung mit dem Wahlrecht einerseits und der Artikulation politischer Interessen andererseits ist weniger von der Frage des Geschlechts als vielmehr von meinem früheren Leben in der DDR und dem Erlebnis des Wechsels des politischen Systems 1989/90 geprägt. In der DDR hatte ich als Physikerin gearbeitet. Gleichberechtigung als politisches Thema stand für mich damals nicht im Vordergrund, sondern vielmehr tägliche Probleme, wie sie eine Mangelwirtschaft und eine von Misstrauen geprägte Gesellschaft mit sich brachten.

Es wäre aber trügerisch zu glauben, von der relativ hohen Erwerbstätigkeit der Frauen darauf schließen zu können, die DDR sei bei der Gleichstellung von Frauen tatsächlich weiter als die frühere Bundesrepublik gewesen. Es gab bis zum Schluss kein einziges ordentliches weibliches Mitglied im Politbüro, bis auf

Frau Honecker auch keine einzige Ministerin. Selbst in den Bezirksregierungen oder bei den Direktorenstellen der Kombinate waren Frauen so gut wie nicht zu finden. Von wichtigen Entscheidungsposten und -gremien waren Frauen in der DDR also weit weg.

Dann kam die Wendezeit 1989/90. Ich erlebte, wie auch über sonst heikle politische Fragen plötzlich offen und ohne Angst diskutiert werden konnte. Ich wollte am gesellschaftlichen und politischen Aufbruch Deutschlands mitwirken. So engagierte ich mich zunächst im »Demokratischen Aufbruch«. Der Name war aus meiner Sicht Programm – gesellschaftlich wie auch für mich persönlich. Denn zum einen war das Wahlrecht in der DDR, gelinde gesagt, eine Farce. Es entsprach in keiner Weise demokratischen Prinzipien. Dies sollte sich schließlich erstmals mit der Volkskammerwahl im März 1990 ändern. Zum anderen stürzte ich mich nach der Wiedervereinigung und dem Aufgehen des Demokratischen Aufbruchs in einer gesamtdeutschen CDU in das Abenteuer, mich selbst als Wahlkreis- und Bundestagskandidatin zur Wahl zu stellen.

Eine Verfechterin von klassischen Frauenquoten war ich nie, wohl aber eine des sogenannten Quorums, das dazu beiträgt, dass Frauen zu einem bestimmten Mindestanteil in Parteiämtern und auf Kandidatenlisten vertreten sein sollen. Dieses Quorum hat sich in der CDU seit seiner Einführung sehr bewährt.

Ich bin überzeugt: Nicht nur in der Politik, sondern im gesamten öffentlichen Leben ist es unverzichtbar, wenn sich Frauen deutlich zu Wort melden und Einfluss auf Entscheidungen geltend machen. So ist es im Übrigen auch ein echter Fortschritt, dass wir heute nicht mehr von Frauenförderung sprechen, denn es geht schließlich um Gleichberechtigung und Gleichstellung, um gleiche Chancen für Frauen und Männer in allen Lebensbereichen.

Wie nun sieht die Realität unseres Lebens und Alltags heute aus? Aus unseren Parlamenten – ob auf Bundes-, Landes- oder kommunaler Ebene – sind Frauen nicht mehr wegzudenken. Aber ich wünsche mir dennoch noch mehr Volksvertreterinnen. Nachholbedarf hat besonders auch die Wirtschafts- und Arbeitswelt. Frauen beziehen bei gleicher Qualifikation und gleicher Arbeit oft lediglich einen Teil des Einkommens von Männern. Und in den Führungsetagen von Unternehmen sind Frauen nur spärlich angesiedelt.

Deshalb gilt es für uns Frauen, nicht darin nachzulassen, aus der theoretischen Selbstverständlichkeit der gleichberechtigten Teilhabe in Politik, Wirtschaft und Gesellschaft eine praktische Selbstverständlichkeit zu machen. Das verstehe ich zudem als ganz persönliche Aufgabe, mit der ich – auch als Bundeskanzlerin – vielen Mädchen und Frauen Mut machen kann, weiter gleiche Chancen für sie in allen Bereichen des politischen, wirtschaftlichen und gesellschaftlichen Lebens einzufordern.

ANGELA MERKEL
BUNDESKANZLERIN

DREI TAG
Tschernobyl ist überall:
sofortige Stillegung aller Atomanlagen!

Mein erstes Mandat

18 Porträts von Tissy Bruns und Chantal Louis

Die Anfänge – als sie die Wahlplakate noch selber kleben musste.

»Ich habe mir ganz einfach immer was gesucht, wo ich anpacken konnte.«

Die inzwischen parteilose Liberale, Jg. 1921, war FDP-Ministerin.

Hildegard Hamm-Brücher Liberale und Journalistin

Den Kleister für ihre ersten Wahlplakate hat die Grande Dame der Liberalen selbst gekocht. Anno 1948 fehlte es im zerbombten München an allem, so auch an Klebstoff. Also fabrizierte die promovierte Chemikerin kurzerhand selbst eine Mixtur, mit der sie die Plakate anpappen konnte, auf denen sie sich als Kandidatin für den Münchner Stadtrat empfahl. Nachdem sie gewählt worden war, kletterte Dr. Brücher als Nächstes auf Schuldächer und half beim Dachpappe-Aufnageln. Eine ihrer ersten bildungspolitischen Maßnahmen, denn die Schulen standen wegen der kaputt gebombten Dächer unter Wasser, und die junge Stadträtin wollte, dass drei Jahre nach Kriegsende der Unterricht endlich wieder losgehen konnte.

Möglicherweise wundert sich über diese zupackende Seite Hamm-Brüchers, wer sie, der die Presse gern den »Auftritt einer Gräfin«, mit »Stil« und »Contenance«, zuschreibt, ausschließlich als schlohweiße, liberale Institution kennt. Wer allerdings weiß, dass Hildegard als Kind »Puppenspiele verachtete«, stolze Besitzerin eines Baumhauses und im Alter von zwölf Jahren süddeutsche Kraulmeisterin war, staunt schon weniger. Dr. Paul Brücher hat nicht vor, seinen Wildfang zu zähmen. Er gibt seiner Tochter Reitunterricht und erlaubt ihr Sprünge vom Zehnmeterturm. Sie wird ihren Mut später noch oft gebrauchen können.

Mit den Schwimmmeisterschaften war es vorbei, als die Nazis 1935 die »Nürnberger Rassegesetze zum Schutz des deutschen Blutes« erließen. Nach diesen Gesetzen galt Hildegards Großmutter Else Pick als Jüdin.

Sie selbst, deren Familie zwei Generationen zuvor konvertiert war, verstand sich allerdings als deutsche Protestantin und Patriotin. Auch deshalb »hat sie uns Kindern nie gesagt, dass aus den

Nürnberger Gesetzen für uns als ›Halbjuden‹ eine Menge Schwierigkeiten erwachsen würden«.

Vater Paul war 1931 an einer Blinddarmentzündung gestorben, da ist Hildegard zehn; Mutter Lilly stirbt ein Jahr später, es heißt: an gebrochenem Herzen. Jetzt leben die fünf Brücher-Waisen bei der Großmutter in Dresden. Sie wird sich im Januar 1942, nachdem sie den »Gestellungsbefehl« zum Abtransport nach Theresienstadt bekommen hat, mit Schlaftabletten das Leben nehmen. Doch vorher schickt »Ömchen« Hildegard und ihre Geschwister ins Internat Schloss Salem, »eine sehr liberale Schule, in der ich noch einmal zwei glückliche Jahre verleben konnte«. Schließlich wird auch das Internat »arisiert«. Im Februar 1939 macht Hildegard an einem Mädchengymnasium in Konstanz ihr Abitur.

Das Mädchen, das sich statt Puppen zu wickeln lieber stundenlang in ihre Bücher versenkte und sich zur Konfirmation eine Schreibmaschine (und ein Faltboot) wünschte, ist eigentlich mehr an Literatur interessiert. Doch das Chemiestudium verspricht die Erlösung aus dem Reichsarbeitsdienst. Den müssen alle leisten, die studieren wollen. Sie studiert und promoviert bei Nobelpreisträger Heinrich Wieland, der sie immer wieder vor den Nazis schützt. An der Münchner Universität ist auch die Weiße Rose aktiv. Die junge Chemie-Studentin ist glücklich, einen Kreis Gleichgesinnter gefunden zu haben. Von Flugblättern und Widerstand aber erfährt sie nichts. Als die Gruppe im Februar 1943 auffliegt und Hans und Sophie Scholl und andere, mit denen Hildegard Brücher bekannt oder sogar befreundet ist, hingerichtet werden, ist das »ein Lebensschock«. Und »meine Motivation von der Stunde null an«.

Motivation braucht sie zum Beispiel, als sie als Bildungspolitikerin in den 50ern für Kindergärten und Ganztagsschulen streitet, als sie in den 60ern per Volksentscheid die Gemeinschaftsschule durchsetzen will oder als sie den bayerischen Kultusminister Theodor Maunz wegen seiner Nazivergangenheit stürzt. Und als sie immer und überall die erste Frau ist: als Staatssekretärin im Hessischen Kultusministerium wie als Staatsministerin im Bonner Auswärtigen Amt. Und natürlich bei ihrer spektakulären Rede 1982 im Bundestag, als sie leidenschaftlich gegen das Überlaufen ihrer Partei zu Helmut Kohls CDU plädiert – gegen den FDP-Vorsitzenden Genscher. Der wird ihr das nie verzeihen. 2002 tritt sie dann wegen Möllemanns »verbrecherischer und antisemitischer Politik« endgültig aus der FDP aus, die für sie mittlerweile zur rechten »Spaßpartei« mutiert ist.

Es ist Theodor Heuss, der spätere erste Bundespräsident der jungen Republik, der maßgeblich dafür sorgen wird, dass die junge Chemikerin den Neuanfang als Politikerin mitgestalten wird. Hildegard Brücher begegnet ihm 1946 in der Technischen Hochschule Stuttgart. Inzwischen ist sie wissenschaftliche Redakteurin bei der Neuen Zeitung. Ihr Reportageauftrag lautet diesmal: in den Landeshauptstädten der amerikanischen Besatzungszone recherchieren, was die jeweiligen Kultusminister so mit den Hochschulen vorhaben. »Also wackelte ich mit einem kleinen Leihauto, einem Fiat Cabrio, durch Bayern, Hessen und Baden-Württemberg.«

Die TH in Stuttgart ist zerbombt und kalt, auf dem Flur kommt ihr ein zerzauster Mann mit dickem Schal entgegen – der Kultusminister. Die Vorstellungen der jungen Journalistin über den Erziehungsauftrag nach der Nazizeit und eine zukünftige

Bildungspolitik gefallen dem erfahrenen Politiker. Er lädt sie zu Pfefferminztee und Keksen zu sich und seiner Frau ein. Elly Heuss-Knapp, die spätere Gründerin des Müttergenesungswerks – und frühere Frauenrechtlerin! –, die ihren von den Nazis geschassten Mann als Werbetexterin durchbrachte (»Persil bleibt Persil«), ist herzkrank. Ihr Mann führt den Haushalt.

Am Ende des Abends, an dem Heuss auch von einer liberalen Partei erzählt, die damals im Ländle noch Deutsche Volkspartei (DVP) heißt, verkündet er: »In München gibt's den Thomas Dehler. Den kannte ich als Jungdemokraten in der Weimarer Republik. Der soll sich mal um Sie kümmern!« Thomas Dehler, ein »Brausekopf«, der später deutscher Justizminister wird, fragt die junge Frau prompt: »Wollen Sie nicht für den Münchner Stadtrat kandidieren?« Im Mai 1948 werden in Bayern Kommunalwahlen stattfinden. »Ich war sofort begeistert!« Allerdings habe sie keine Ahnung, was man als Stadträtin tun müsse. Das mache gar nichts, beschwichtigt Dehler. »Gewählt werden Sie sowieso nicht.«

Der Mann sollte sich irren. Und es wird nicht das letzte Mal sein, dass die querköpfige Liberale bei ihren WählerInnen beliebter ist als in ihrer eigenen Partei. Im bayerischen Wahlrecht hat das Folgen. Denn bei den Kommunalwahlen hat jeder Wähler so viele Stimmen, wie KandidatInnen auf der Liste stehen. Er oder sie kann einer Person bis zu drei Stimmen geben und sie so nach vorne »häufeln«. Als Ende 1947 die Wahllisten erstellt werden, wird die Journalistin Brücher von der FDP auf Platz sieben gesetzt. Hoffnungslos. Doch Überraschung: Die junge Frau landet dank vieler gehäufelter Stimmen auf Platz zwei und wird im ersten Münchner Stadtrat einer von zwei liberalen Abgeordneten.

Im Stadtparlament der Landeshauptstadt sind 1948 sechs von

40 Abgeordneten weiblich, fast 15 Prozent also. Exakt 60 Jahre später erinnert sich die damals mit Abstand jüngste von ihnen genau: »Das waren vier furchtbar nette SPD-Damen, die schon in der Weimarer Republik im Stadtrat gesessen hatten; eine ganz liebe alte Dame von der CSU, die sich in der Nazizeit mit einem winzigen Reisebüro durchgeschlagen hatte; und eine Kommunistin, die sechs Jahre im KZ gewesen war. Und ich kleine Freche. Und wir waren alle so gut miteinander.«

Im Nachkriegs-München mit seinen Trümmern, den Heimkehrern, den mit Flüchtlingen besetzten Schulen ist für parteipolitische Querelen noch kein Platz. Und auch nicht für die Geschlechterfrage. »Ich habe mir einfach immer was Nützliches gesucht, wo ich anpacken konnte.« Anfang der 50er, die junge Stadträtin ist gerade von einem einjährigen Stipendium aus Harvard zurück, gründet sie gemeinsam mit dem Sozialdezernenten Münchens erstes Mütterhaus für Kriegswitwen und Frauen mit »Besatzerkindern«. Es folgt ein Wohnheim mit 70 Apartments für alleinstehende Frauen. »Damit die mal von der Untermiete runterkamen, denn eine Alleinstehende kriegte damals einfach keine Wohnung.«

Der Dezernent heißt Erwin Hamm. Dass ihr zukünftiger Ehemann der CSU angehört, ist kein Hindernis. »Erstens: Dass wir beide Anti-Nazis waren, war eine ganz starke Basis. Zweitens: Er hat eigentlich mit der CSU nicht viel am Hut gehabt und sich immer mit denen gezankt. Drittens: Dass seine Frau an ihm vorbeigezogen ist, hat ihn nicht tangiert. Im Gegenteil: Das fand er wunderbar!« Als 1955 Sohn Florian zur Welt kommt, erklärt Papa Erwin seiner Frau: »Ich bin gern bereit, Mutterpflichten zu übernehmen – wenn du Vaterpflichten übernimmst.«

Wir befinden uns in einer Zeit, in der bundesrepublikanische Ehefrauen so gut wie rechtlos sind. Sie dürfen nur berufstätig sein, wenn sie ihre »häuslichen Pflichten« nicht vernachlässigen. Kaufverträge brauchen die Unterschrift des Ehemannes, der das Aufenthaltsbestimmungsrecht für die Familie hat. Erst als 1959 Tochter Miriam Verena zur Welt kommt, werden Frauen in Deutschland endlich volle Bürgerrechte haben.

Es macht Hamm-Brücher heute noch stolz, dass sie damals mitgekämpft hat, um den Artikel 3. Als junge Münchner Stadträtin rief sie im Frauenfunk zum Postkarten-Protest auf. »Dass wir den Gleichberechtigungs-Artikel durchgesetzt haben, war zweifellos der größte Erfolg – auch, wenn ich da nur an einem kleinen Eckchen beteiligt war.« Glücklich ist die Bildungspolitikerin auch darüber, dass die Vorurteile gegen Kindergärten und Ganztagsschulen, »die ich schon vor 40 Jahren gefordert habe, jetzt endlich überwunden sind«. Und überhaupt, wenn sie heute die ganzen Professorinnen, Bischöfinnen und Ministerinnen sieht ... »Es ist leider so vieles vergessen«, bedauert die Pionierin. »Die Frauen müssten schon ein bisschen mehr Interesse daran haben, ihre eigene Geschichte zu kennen und sie ernst zu nehmen.«

Bei den Kommunalwahlen im Mai 2008 begrüßte der Münchner Oberbürgermeister Christian Ude (SPD) Hildegard Hamm-Brücher, Münchens erste Ehrenbürgerin, im Rathaus als »die Abgeordnete, die vor genau 60 Jahren zum ersten Mal in diesen Stadtrat gewählt wurde«. Anschließend, beim Empfang, kommen einige junge Stadträtinnen auf die Veteranin zu und fragen, ob sie ihnen nicht von früher erzählen könne. Die Damen sind jetzt zum Kaffee verabredet.

CHANTAL LOUIS

1987: Bärbel Höhn in Oberhausen, am Jahrestag von Tschernobyl.

»Hoppla, nicht so schnell. Hier stimme ich jetzt aber nicht zu!«

2006: Die Ex-Ministerin ist keine Opportunistin, steht immer im Kreuzfeuer.

Bärbel Höhn/Die Grünen
Stellv. Fraktionsvorsitzende

Ihre beiden Söhne kommen 1975 und 1977 zur Welt, ein Jahr später zieht die Familie von Schleswig-Holstein ins Ruhrgebiet. Bärbel Höhn, Diplom-Mathematikerin, tritt einen Job als wissenschaftliche Mitarbeiterin an der Uni Duisburg an. Kindergartenplätze sind Mangelware, der jüngere Sohn erkrankt an einer dauerhaften Bronchitis, eine Folge der Luftbelastung im Ruhrgebiet, denn der Himmel ist dort selten blau. Bärbel Höhn wird klar, dass sie etwas tun muss.

Anfang der 1980er-Jahre beginnt in Oberhausen die Laufbahn einer Politikerin, die es auch als Landesministerin zu bundesweiter Bekanntheit bringen wird. Höhn, »das Bio-Kraftwerk«, wie Die Zeit sie 25 Jahre später nennt, engagiert sich 1981 in Bürgerinitiativen für Kindergärten und gegen Giftmüllverbrennung. Sie kandidiert – die Quote ist noch nicht in Sicht – auf Platz 5 hinter vier Männern für den Stadtrat, wird nicht gewählt, rückt aber ein Jahr später nach. Da sie neben Mathematik auch Volkswirtschaftslehre studiert hat, liegt es nahe, dass sie das Fachgebiet Haushaltspolitik übernimmt.

Kandidiert hat Höhn auf der Bunten Liste. Da arbeiten Grüne, Unabhängige, DKP-Mitglieder und einige SPD-Abtrünnige von den Demokratischen Sozialisten zusammen. Das ungewöhnliche Bündnis ist entstanden, weil Oberhausen seit Langem in festen Händen ist – wie überhaupt ganz Nordrhein-Westfalen. »Vom Hausmeister bis zum Oberbürgermeister, alles SPD«, erinnert sich Höhn. Diese frühen Erfahrungen mit der Übermacht einer Partei sind für sie eine erste Begegnung mit der »Arroganz der Macht«. In den Bürgerinitiativen hingegen seien ganz normale, eher unpolitische Leute gewesen, die sich einfach für ihre Anliegen einsetzen wollten.

Dass der Himmel über der Ruhr blau werden soll, ist eine Idee von Willy Brandt. Doch den machtgewohnten Sozialdemokraten an Rhein und Ruhr entgeht, wie trotz ihrer 50-Prozent-Mehrheiten bei den Landtagswahlen die Stimmung in der Bevölkerung grün wird und neue politische Strömungen Einfluss gewinnen. Bärbel Höhn wird 1985 Mitglied der Grünen. In Nordrhein-Westfalen muss die neue Partei dreimal Anlauf nehmen, bis sie 1995 den großen Sprung schafft und im Kabinett von Landesvater Johannes Rau nicht mehr nur rote, sondern auch ein grüner Minister und eine grüne Ministerin sitzen. Die Öffentlichkeit hält den Realo Michael Vesper lange für den Wichtigeren. Es wird sich jedoch herausstellen, dass es tatsächlich Bärbel Höhn ist, die grünes Profil und Gewicht in eine Regierung bringt, in der die Mehrheitspartei es nur für einen dummen Zufall hält, dass sie zum Regieren einen Koalitionspartner braucht.

Bis heute wohnt Höhn in Oberhausen, und sie ist stolz darauf, dass sie als Ministerin zum »Wir-Gefühl« beigetragen hat. Doch man hört es immer noch, wenn sie spricht: Sie ist eine richtige Norddeutsche, eine geborene Christensen, der Vater hat dänische Vorfahren. Bärbel wird in Flensburg geboren, als jüngstes der Kinder. Sie muss und will immer mithalten mit den großen Geschwistern, der Bruder ist fünf, die Schwester drei Jahre älter. Das Nesthäkchen hat es gut zu Hause, »eine richtig schöne Kindheit«. Der Vater ist Berufsschullehrer. Ein protestantisches Haus, ein Onkel ist Pfarrer, die Mutter ist Mennonitin. Man ist konservativ, ohne in der CDU zu sein, naturbewusst und sozial. Die elterliche Botschaft sagt den Kindern, dass ihr Glück, in solchen Verhältnissen aufzuwachsen, auch die Verpflichtung enthält, anderen Menschen davon etwas weiterzugeben.

In den Augen des Vaters ist Politik »ein schmutziges Geschäft«. Er rät ab, als die Tochter überlegt, Klassensprecherin zu werden. Sie hält sich zurück – und ärgert sich darüber, als sie erlebt, wie eine andere aus ihrer Klasse die Sache schlecht macht. »Ein Schlüsselerlebnis«, sagt sie. Bärbel Höhn und ihr Mann treten in den 1970er-Jahren aus der Kirche aus. Ihre Söhne sollen, wie bei den Mennoniten üblich, später selbst entscheiden, ob sie sich taufen lassen wollen. Der eine geht mit 15 Jahren zur Taufe, der andere heiratet kirchlich.

Als Höhn sich in Oberhausen mit anderen Eltern für den Kindergarten einsetzt, folgt sie der elterlichen Botschaft: Tu etwas für andere. Sie lernt, dass der Einsatz für konkrete Verbesserung Spaß macht, dass sie eine ist, die gern mitten unter Menschen agiert – und einen soliden Kampfgeist hat. 1990 führt sie bei der Landtagswahl in Nordrhein-Westfalen die grüne Liste an; die ersten beiden Jahre im Landtag sind »wirklich hart«. In der SPD herrscht eine Männerriege der besonderen Art. Johannes Rau ist ein patriarchaler Ministerpräsident. Fraktionschef ist Friedhelm Farthmann, als Pascha berüchtigt, auch bei den Frauen in der eigenen Partei. Der ebenfalls einschlägig bekannte Umweltminister Klaus Matthiesen wird 1995, als Höhn seine Nachfolgerin wird, Fraktionschef im Landtag. Die SPD kann sich einfach nicht von der Vorstellung lösen, dass die Grünen ein Betriebsunfall der Geschichte seien, verlorene Söhne und Töchter, die eines Tages in den Schoß der großen Familie SPD zurückkehren werden.

Ministerin Höhn arbeitet in den zehn Jahren bis zur Abwahl von Rot-Grün unter drei Ministerpräsidenten, die zu den Schwergewichten der deutschen Politik gehören. Johannes Rau wird später Bundespräsident, Wolfgang Clement Superminister im

Kabinett Schröder, Peer Steinbrück ist heute Bundesfinanzminister der Großen Koalition. Bärbel Höhn, die linke Grüne aus den außerparlamentarischen Bewegungen, erwirbt sich schnell einen Ruf als hartnäckige und kundige Verfechterin ihrer Sache.

Gartzweiler II, der umstrittene Braunkohletagebau, der Transrapid, BSE-Massentests, der Nationalpark Eifel, ihr alter Kampf gegen die Kölner Müllverbrennungsanlage und der für das umweltschonende Gaskraftwerk, das die kohlefreundliche SPD verhindern will – sie profiliert sich als die deutsche Umweltministerin schlechthin. Und als die sperrige Politikerin, die im Kabinett und in der Öffentlichkeit doch immer wieder sagt: Hoppla, nicht so schnell. Hier stimme ich aber nicht zu.

Als Ministerpräsident Clement einmal ganz heftig in aller Öffentlichkeit mit Jürgen Möllemann von der FDP flirtet, geht sie daraufhin mit Oppositionsführer Jürgen Rüttgers von der CDU demonstrativ spazieren. Steinbrück schwärmt zu Beginn seiner Amtszeit von »rot pur«. Höhn zerlegt seine Neigung für den Transrapid mit pragmatischen Fragen nach den Kosten oder der Einbindung in den Nahverkehr – bis Steinbrück bekennt, er sei »in der Wirklichkeit angekommen«.

Höhn steht bei allem immer in einem besonderen Kreuzfeuer. Die rufschädigende Behauptung, hier agiere eine Grüne vom alten Schlag, unelastisch und von einer fundamentalistischen Sturheit, wird nicht nur von der SPD betrieben, sondern auch in ihrer eigenen Partei, die in diesen Jahren den Marsch durch die Institutionen beschleunigt. Nach der Bundestagswahl 1998 könnte schließlich Rot-Grün wahr werden. Aber dann muss die Koalition in Düsseldorf halten – und zeigen, dass die Grünen auch kompromissfähig sind. Höhn erinnert sich: »Wenn zwei Grüne im Kabinett sitzen, der smarte, geschmeidige Vesper und die andere mit dem harten inhaltlichen Kurs, dann ist es ganz logisch, dass es schnell heißt: Die nervt.« Doch sie bleibt hart, wenn es ihr um etwas geht. Und sie lässt sich auch nicht dadurch einschüchtern, dass FDP und CDU sie als das »personalisierte Investitionshindernis« bezeichnen. Sie setzt viel durch und kassiert Niederlagen. Beim großen Thema Gartzweiler scheitert sie. Nach der Landtagswahl 2000 entzieht Clement ihr die Kompetenz für die Landesplanung. Aber Höhn wird zuständig für Verbraucherschutz, und sie macht etwas daraus: Während der BSE-Krise und beim Feinstaub ist sie schneller und konsequenter als ihre roten, schwarzen oder grünen Amtskollegen. Das ist die eine Front der Ministerin.

Die andere: Sie übernimmt ein Haus mit 7.500 Mitarbeitern und Mitarbeiterinnen, die auf Umweltpolitik à la SPD gepolt sind. Gleichzeitig gibt es im 17-Millionen-Land Nordrhein-Westfalen Hunderte von Umwelt- und Bürgerinitiativen, die von der neuen Ministerin die Erfüllung aller Wünsche erwarten, und zwar sofort. Menschen, die seit zehn oder zwanzig Jahren an einem Projekt arbeiten, wenden sich mit Forderungen an ihre Ministerin und beschweren sich lauthals, wenn die Antwort nicht schnell kommt. »Aber ich musste meinen Mitarbeitern auch Zeit geben und von den Initiativen Geduld verlangen. Denn jede schnelle Antwort wäre eine Antwort aus dem alten Geist gewesen.«

In dieser Konstellation ist Höhn wieder, was sie in Oberhausen war: ein »Gruppenmensch«, der beide Seiten anhört und verlangt, dass beide Seiten sich auch zuhören. »Natürlich muss man dann Kompromisse machen. Die Interessen der Bürgerinitiativen müssen einbezogen werden in die Entscheidungen. Dass man sie eins zu eins umsetzt, das geht natürlich nicht.«

Die grünen Parteimitglieder mitnehmen, das ist ihr Motiv, als sie sich in Bielefeld 1999 mit dem grünen Bundesaußenminister Joschka Fischer anlegt. Der grüne Parteitag diskutiert über den Kosovo-Krieg, eine dramatische Diskussion, in deren Verlauf Fischer ein Farbei ans Ohr geknallt wird. Höhn hat im Oktober 1998 an den Koalitionsverhandlungen in Bonn teilgenommen. Sie weiß, die rot-grüne Bundesregierung kann gar nicht anders handeln, sie sieht die Zwänge, unter denen Fischer steht. Aber sie verlangt trotzdem Raum für Nachdenklichkeit – und sie spricht damit vielen Delegierten aus der Seele. »Die stehen doch am Infotisch und müssen die Fragen aushalten.«

Für Fischer hat Höhn sich in Bielefeld definitiv als untauglich für höhere Ämter erwiesen: Als 2001 die grüne Bundesministerin Andrea Fischer wegen der BSE-Krise zurücktritt, ist auch Höhn im Gespräch. »Ich war ja die erste Verbraucherschutzministerin.« Doch Fischer holt Renate Künast. Der mächtigste Mann ihrer Partei sei sauer auf sie gewesen, sagt sie, nicht nur wegen Bielefeld, sondern auch, weil er die Grünen in Nordrhein-Westfalen – und Höhn als deren Repräsentantin – immer für zu basisorientiert gehalten habe. Sie sagt es ohne Hader.

Die Wahlniederlage der SPD in Nordrhein-Westfalen besiegelt im Mai 2005 die rot-grüne Götterdämmerung: vorzeitige Neuwahlen auch im Bund, es folgt die Große Koalition. Bärbel Höhn sitzt nun als Bundestagsabgeordnete auf der Oppositionsbank.

TISSY BRUNS

2006: Hier gibt die ewig Jüngste im Orchester den Ton an.

»Was die Herren können, das können wir doch eigentlich auch.«

2008: Staatssekretärin Huml jetzt auch im Seehofer-Kabinett.

Melanie Huml/CSU Staatssekretärin Bayern

Als sich anbahnte, dass Günther Beckstein, als er mal kurz Ministerpräsident war, die Bamberger Landtagsabgeordnete Melanie Huml zur Staatssekretärin berufen würde, machte plötzlich ein Gerücht die Runde. Die Kandidatin sei schwanger, hieß es. Und da sei es ja klar, dass dieser Posten nicht mit dieser Frau besetzt werden könne.

Sicher, Melanie Huml hatte drei Jahre zuvor Freund Markus geehelicht, das Paar hatte soeben ein Haus gekauft. Aber Nachwuchs, nein, der war definitiv nicht unterwegs. »Man hätte mich ja einfach fragen können«, sagt sie. Da aber niemand gefragt hatte, war klar, dass es hier nicht um die Sache ging, sondern darum, die junge Frau in diesem Job zu verhindern. »Da schafft man es nicht über die fachliche Ebene, und dann versucht man es auf diese Weise. Das fand ich ...«, setzt Huml temperamentvoll an, aber bremst dann scharf ab, »... ein bisschen schade.«

Melanie Huml, die einen durchaus robusten Eindruck macht, sagt das mit der Enttäuschung einer Jungpolitikerin, die es von Teenagerbeinen an gewohnt ist, mit offenem Visier gegen konkurrierende Alt- und Jungpatriarchen zu kämpfen und die von Ränkespielen dieser Art, gelinde gesagt, irritiert ist. Im Übrigen, fügt die 33-Jährige hinzu, wäre eine Schwangerschaft »ja auch gar kein Hindernis gewesen«. Das sah auch der seit Langem mit einer erfolgreich berufstätigen Frau verheiratete Beckstein so. »Aber des kriegt mer dann schon hin.« Der Presse erklärte er kurz und bündig: »Ich will die Melanie.« So lautete dann auch die Schlagzeile. Also wurde Melanie Huml im Oktober 2007 Staatssekretärin im Bayerischen Staatministerium für Arbeit und Sozialordnung, Familie und Frauen.

Damit ist die Senkrechtstarterin, von Haus aus Ärztin, jetzt

Mitglied der Regierung, denn wie so oft geht der Freistaat auch im Falle der StaatssekretärInnen einen Sonderweg: In Bayern ist ein Staatssekretär nicht verbeamteter Leiter der Ministeriums-Verwaltung, sondern er, respektive sie, hat ein politisches Amt inne. Im Kabinett ist Staatssekretärin Huml also sowohl rede- als auch stimmberechtigt und die Stellvertreterin von Ministerin Christa Stewens.

Selbstredend war bei Amtsantritt die »weibliche Doppelspitze« Stewens/Huml Thema in jedem Interview. Ministerin Stewens pflegte zu antworten: »Wissen Sie was? Seit Jahrzehnten gibt es männliche Doppelspitzen in den Ministerien, und da hat noch niemand nachgefragt.« Und wenn ihr Büroleiter findet, man müsse sich die Idee seiner neuen Vorgesetzten, die sich selbst als »durchaus spontan« bezeichnet, noch absegnen lassen. Dann lacht die Staatssekretärin herzlich und sagt: »Des müss mer net, des mach mer jetzt einfach!«

Schon bevor die CSU am 28. September 2008 von den Wählerinnen zwischen 18 und 45 Jahren mit gerade mal 30 Prozent noch kräftiger abgewatscht worden war als vom Rest der Bevölkerung (siehe Seite 208) hatte der glücklose Ministerpräsident offensichtlich die Absicht gehabt, sein Kabinett zu verjüngen und zu verweiblichen. Also schlug Melanie Humls Stunde. Denn die hatte, seit sie mit 15 die Nase durch die Tür der Jungen Union gesteckt hatte, längst Übung darin, immer und überall die Jüngste zu sein. Die jüngste Frau, versteht sich. Jüngste Kreisrätin, jüngste Landtagsabgeordnete – und jetzt eben jüngste Staatssekretärin.

Eigentlich ist dieser Status durchaus praktisch, findet Huml, denn: »Die Jüngste kennt man.« Aber die Kombination jung & weiblich kann natürlich auch zur Doppelbelastung werden.

Interessanterweise kommen die ärgsten Widerstände in der Partei, deren Außendarstellung bis heute von gestandenen Mannsbildern in Lodenkleidung geprägt ist, gar nicht von den Altehrwürdigen, sondern »von denen zwischen 40 und 50«. Das sind die, die finden, jetzt wären erst mal sie selbst an der Reihe. Bei den älteren Herren hingegen setzt oft ein väterlicher Beschützerinstinkt ein.

Nun ist der Satz »Ich hab eine Tochter in deinem Alter« für sich genommen noch nicht wirklich hilfreich. Der entscheidende Punkt dabei ist: »Die haben selbstbewusste Töchter zu Hause.« Töchter, die zum Beispiel Medizin studiert haben wie Melanie Huml und die diesen Beruf weiter ausüben möchten, auch wenn Kinder da sein sollten. Töchter, die erwarten, dass ihre Männer dann gefälligst auch beruflich zurückstecken und die sich beklagen über zu wenig Kita-Plätze. Und plötzlich scheint das, was diese verdammt junge Politikerin da über den dringend notwendigen Ausbau der Kinderbetreuung erzählt, selbst in Bayern nicht mehr der Untergang des Abendlandes, sondern durchaus bedenkenswert.

Natürlich federt so eine CSU-Politikerin das ab, erwähnt in ihren Reden auffallend oft die »Wahlfreiheit der Familienmodelle« und wettert gegen den »Beglückungszwang« aus der Hauptstadt. Damit ist vor allem CDU-Familienministerin von der Leyen gemeint, die ihre politischen Weichen deutlich gegen das Hausfrauenmodell und für Väter in Elternzeit gestellt hat. Was ihr eigenes potenzielles Familienmodell anbelangt, da hält Melanie Huml es, wie inzwischen so viele junge Frauen im Freistaat, allerdings eher mit der Berliner Ministerin.

Melanie Huml, geborene Beck und Tochter eines Berufsschullehrers und einer Hausfrau, wurde die CSU quasi in die Wiege gelegt. Ihr Vater ist schon ewig CSU-Stadtrat in Hallstadt. »Bei uns zu Hause hat es einfach dazugehört, dass man sich über Politik unterhielt.« Also nahm der Vater seine Tochter, die sich mehr für Politik interessierte als sein jüngerer Sohn, mit zum CSU-Wandersonntag in die fränkischen Hügel und zum Helmut-Kohl-Auftritt in die bayerische Landeshauptstadt. Als Melanie so weit war, sich selbst für ein Mandat zu interessieren, war allerdings klar, dass Vater und Tochter jeweils ihr eigenes Terrain brauchten. »Wir haben uns das familienintern ein bisschen aufgeteilt.« Der Vater kandidierte für den Stadtrat, die Tochter für den Kreistag.

Dass Melanie das Kreistagsmandat tatsächlich bekam, galt als »erstaunlich«. Denn man hatte die junge Kandidatin »in der Mitte der Liste« platziert, also relativ aussichtslos. Sie hatte dennoch heftig dafür plädiert, dass die Junge Union, deren Kreisvorsitzende sie war, nicht mit einer eigenen Liste antrat, »weil ich die CSU nicht aus der Verantwortung entlassen wollte, junge Leute auf ihre Liste zu setzen«. Melanie Huml, damals noch Beck, machte sich auf in einen engagierten Wahlkampf mit viel Tuchfühlung zum Wähler und zur Wählerin. Dank des bayerischen Wahlrechts, das dem Wähler per »Häufeln« erlaubt, einem Kandidaten gezielt mehrere Stimmen zu geben, landete die junge Medizinstudentin wider Erwarten im Kreistag. Und bewies so zu ihrem großen Vergnügen, dass »junge Frauen durchaus gewählt werden«.

Der erstaunliche Vorgang wiederholte sich ein Jahr später. Diesmal ging es um die Liste für die Landtagswahl 2003. Dass die Partei, die mit 18 Prozent hartnäckig den Bundesrekord des niedrigsten Frauenanteils bei den Mitgliedern hält, ihr Altherren-Image aufpolieren müsste, dämmerte damals erstmals dem einen oder anderen. So kam es zu der Erkenntnis: »Auf der Landtagsliste bräuchten wir noch jemanden, der möglichst jung und weiblich ist.«

Wohlgemerkt: »Es ging ihnen eigentlich nur darum, dass ich mich auf der Liste als junge Frau gut mache.« Gewählt würde sie sowieso nicht, erklärte man ihr. »Es würde eh nix passieren, weil ich auf Platz sechs der Liste wäre.« Dennoch erbat sich die Umworbene Bedenkzeit. Schließlich hatte sie gerade ihren Vertrag als Assistenzärztin in der Tasche und liebt ihren Beruf.

Allerdings kam es Huml verdächtig vor, dass ihr »eine ganze Reihe junger Herren« dringlich von der Landtagskandidatur abrieten. Ganz unglücklich sei es, gleich mit einer Niederlage zu beginnen, ein großer strategischer Fehler. Das Wort »Herren« ist das einzige, bei dem Melanie Huml das R auf die typisch weiche fränkische Art rollt. Und sie rollt oft, wenn sie über ihren politischen Werdegang spricht. »Bei meiner ersten JU-Veranstaltung waren wir zwei Damen unter ungefähr 30 Herrren«, sagt sie zum Beispiel. Oder: »Wir Frauen beschädigen uns manchmal stärker untereinander, als die Herrrenwelt das tut.« Aber auch: »Was die Herrren können, können wir doch eigentlich auch.«

Offensichtlich. Auch diesmal wurde die junge Kandidatin nach vorne gehäufelt, von Platz sechs auf Platz zwei, und zog nun als jüngste Abgeordnete in den Landtag ein. Markus Huml, den Melanie Beck bei der Jungen Union kennengelernt hatte, hatte sich schon in sein Schicksal gefügt, als seine Freundin 2002 ihr Kreistagsmandat geholt hatte. »Na, dann wissen wir ja jetzt, wer von uns beiden Politik macht«, stellte der Rechtsanwalt trocken fest und organisiert seither einen großen Teil des Huml'schen Privatlebens vom Wocheneinkauf bis zum Hausbau. Sein Kommentar nach ihrer auch für sie selbst überraschenden Berufung zur Staatssekretärin: »Na, dann werden jetzt ein paar Lampen im Haus wohl noch warten müssen.«

Im Münchner Landtag schrieb sich Medizinerin Huml sogleich eine Gesetzesänderung auf die Fahnen: die verpflichtende Vorsorgeuntersuchung von Kindern, um Misshandlungen und Missbrauch aufzudecken. Seit Mai 2008 geht in Bayern Kinderschutz vor Datenschutz: ÄrztInnen oder Hebammen sind seither verpflichtet, Verdachtsfälle an das Jugendamt weiterzugeben.

Melanie Huml hat neben »weiblich & jung« noch einen weiteren Minderheitenstatus: Bis heute bilden die Franken, ein ehemals mächtiger europäischer Volksstamm, der Anfang des 9. Jahrhunderts Bayern einverleibt wurde, eine regionale Spezialeinheit innerhalb der CSU-Landtagsfraktion. »Da waren vorher nur Herrren drin«, erklärt Melanie Huml. Und rollt das R. Seit 2003 sind es zehn Herren und eine Dame.

Zum Glück gibt es im Bayerischen Landtag auch noch die CSU-Frauengruppe unter Führung von Ursula Männle, die auch für Huml »ein sehr guter Rückhalt ist«. Denn: »Wir Frauen müssen darauf achten, dass wir uns ganz gezielt gegenseitig unterstützen. Dass wir gut übereinander sprechen.« Nicht nur Ursula Männle, die Ende der 60er-Jahre im gleichen Alter in die CSU eintrat wie in den 90ern Melanie Huml, hält sich an diese Regel. »Ich bin sicher, dass sie Günther Beckstein ein paar Namen junger Frauen genannt hat, die sie für kompetent hält«, sagt die Staatssekretärin und lächelt wissend.

PS: Als der neue bayerische Ministerpräsident Horst Seehofer am 30. Oktober 2008 sein Kabinett vorstellte, war Melanie Huml, diesmal als Staatssekretärin im Umweltministerium, im 18-köpfigen Kabinett eine von fünf Frauen.

CHANTAL LOUIS

Sie war elf, als die Mauer fiel, und empfand die Wende als Chance.

»Diese Art, wie man sich jungen Frauen mit Galanterie nähert…«

2008: Die junge Stellvertreterin mit dem Altvorderen Bisky.

Katja Kipping / Die Linke
Stellv. Parteivorsitzende

Sie will sich der russischen Literatur verschreiben, als sie 1997 nach einem freiwilligen sozialen Jahr aus Russland zurückkommt. Doch die Erstsemester-Studentin Katja Kipping sieht, dass da etwas schiefläuft an der Uni. Warteschlangen an der TU Dresden, da, wo die Plätze für den Sprachkurs vergeben werden. Sie fühlt sich an früher erinnert, wenn es Bananen gab in der DDR. Kipping, die gerade gelernt hat, was der Begriff Semesterwochenstunden bedeutet, denkt sich: Das kann ja wohl nicht sein, dass ein Platz im Sprachkurs Mangelware ist. Ihr Platz ist also erst mal im Protestbüro der TU-Studierenden. Es wird über Streik diskutiert, vor Weihnachten steht eine Riesendemonstration vor dem Landtag an: 10.000 Leute.

Nach Weihnachten beginnt die 19-Jährige zu begreifen, dass sie eigentlich selbst in den Landtag hineinmüsste, um etwas zu verändern: »Denn wir hatten viel Aufmerksamkeit gefunden, aber erreicht hatten wir nichts.« Das Protestbüro plant eine alternative Vorlesungsreihe. »Doch als wir die veranstaltet haben, kamen statt der Zehntausend maximal zehn Leute.« Kippings Rebellenblut hat sich in früher Jugend gezeigt, aber gleichzeitig ist sie eine, die Ergebnisse sehen will.

Sie tritt in die PDS ein. Da sind die Leute, die sie schon als Jugendliche getroffen hat, wenn sie im Jugendverein »Roter Baum« etwas gegen Umweltschäden auf die Beine stellen wollte oder bei den Aktionen gegen die Stilllegung einer Straßenbahnlinie mitgemacht hat. 1999 sitzt sie, gerade mal 21 Jahre alt, als Abgeordnete im sächsischen Landtag. Die Liebe zur russischen Literatur bleibt. Aber schon der Titel ihrer Magisterarbeit, die sie 2003 abschließt, verrät, dass Katja Kipping sich nunmehr einer anderen Sache verschreiben wird. Er lautet: »Interdependenzen zwischen Politik und Literatur, exemplarisch dargestellt an Werken von Cernycevskij, Cechov und Blok«.

Kipping steht an der Schwelle zur Pubertät, als 1989 die Mauer fällt. Aus dem Elternhaus – die Mutter ist Lehrerin, der Vater Ökonom – bringt sie die Haltung mit, dass man sich nicht zurücklehnen oder beschweren darf, wenn einem irgendwas nicht passt. Man muss es schon selbst in die Hand nehmen, etwas tun. Die Wendezeit? »Wenn man in die Pubertät kommt, dann verändert sich ja viel im eigenen Körper und im Kopf. Und gleichzeitig wurde um mich herum alles anders. Ich habe das für mich nicht als eine Krise erlebt, sondern als etwas Aufregendes.«

Der Vater wechselt den Beruf, er wird selbstständig. Robotron, sein früherer Betrieb, »wird natürlich eingestellt«. Autoritäten in der Schule, Lehrer und Pionierleiter werden abgewickelt, aber Katja erlebt nie, dass vor ihren Augen Menschen runter- oder fertiggemacht werden. Außerdem: »Ich bin ja sowieso nicht besonders affin für Autoritäten.« Die Wende ist für sie bis heute eine Quelle des Optimismus. »Manchmal hat man ja in der Politik das Gefühl, man rennt gegen Windmühlen und erreicht nichts. Aber ich habe eben erlebt, dass etwas scheinbar ganz Festes sich auf einmal verändert, und das in ganz kurzer Zeit.«

Mit 21 Jahren ist Katja Kipping also Landtagsabgeordnete in Dresden, Fachgebiet: Verkehr. Kein Feld für Frauen, keins für junge Menschen. Verkehr, da geht es um Hardcore-Fragen, Infrastruktur und Profite und den ganz gewöhnlichen Opportunismus. Verkehrspolitik machen bei CDU wie SPD Männer. Und auf dem Papier vertritt die PDS zwar die ökologische Verkehrspolitik ihrer Sprecherin, im wirklichen Leben aber möchte auch so mancher PDS-Abgeordnete für seinen Wahlkreis eine neue

Umgehungsstraße oder Autobahn. SPD und CDU liefern sich einen Wettbewerb darum, wer mehr Autobahnen nach Sachsen holt.

Die sächsische Abgeordnete Kipping steht in keinem Punkt im Mainstream. Ihre ersten Reden? »Es war eine Prüfung. Da spürt man den vollen Gegenwind und schluckt erst mal …« Die junge Abgeordnete, die bisher nie um etwas besonders hatte kämpfen müssen, weil sie eine Frau ist, hört nun im Landtag Zwischenrufe »wie aus dem Lehrbuch des Feminismus«. So brüllt ein Verkehrspolitiker der CDU zur PDS-Fraktionsführung rüber: Mensch, Ihre Verkehrsmädels, haben Sie die denn nicht besser im Griff?

Ein Verzicht auf Ausbildung, Party, Gemeinschaft und Liebe soll ihre Entscheidung für die Politik nicht sein. Die Landtagsabgeordnete schließt ihr Studium ab. Ein klassisches Studentenleben – morgens lange schlafen, abends lange Party – hat sie natürlich nicht. Aber sie kennt es längst, »mein Dilemma«: Schon immer wollte sie alles gleichzeitig: viel erleben, viel lesen, viele Sachen machen – doch der Tag hat nur 24 Stunden. »Eine Grundorganisiertheit und Selbstdisziplin hatte ich deshalb früh.« Lesen ist für sie nicht Arbeit, sondern Genuss, und Politik muss eben auch so organisiert werden, dass sie nicht nur Aktenlesen, sondern auch Menschenbegegnung und Gemeinschaftserlebnis ist.

In der Sache erreicht Kipping nichts, als sie 2002 eine Expertenanhörung zum Schülerticket durchsetzt und als Expertin eine junge Schülerin einlädt, die sich souverän schlägt. Aber ihr Beispiel macht Schule. Einige Zeit später lädt auch die CDU jugendliche Sachverständige zu einer Landtagsanhörung ein.

Ganz auflösen lässt er sich nicht immer, der Widerspruch

zwischen Politik und Leben. Kipping ist gerade 20 Jahre, als sie auf einem PDS-Bundesparteitag damit konfrontiert wird, wie Stimmung gegen sie gemacht wird. Katja und ihre Freunde sind nämlich während des Parteitags fröhlich schwimmen gegangen und haben, sich keiner Schuld bewusst, auch noch stolz erzählt, was für einen schönen Nachmittag sie erlebt haben. Hinter den Kulissen und auf offener Bühne wird ihr prompt »Verantwortungslosigkeit« unterstellt.

Richtig hart kommt es, als die junge Frau 2003 von ihrer Landesvorsitzenden ins Rennen um den stellvertretenden Bundesvorsitz der PDS geschickt wird. Die PDS, nur noch mit zwei direkt gewählten Abgeordneten im Bundestag vertreten, befindet sich in einer schweren Krise. Vor dem Parteitag ist klar, dass die Sachsen-PDS einen Parteivize beanspruchen kann. »Und nachdem schon mehrere Männer in betagterem Alter gesetzt waren, schien irgendwie klar: Am besten ist es für Sachsen, wenn eine Frau vorgeschlagen wird.« Sie habe überhaupt nicht darauf hingearbeitet, aber Feuer gefangen, als ihr Name ins Spiel kam. Doch dann merkt Kipping, wie es beginnt; wie hinter ihrem Rücken über sie hergezogen wird, sogar von Genossen, die sie bisher unterstützt haben. »Das war ein Jahr, da ging es mir nicht gut.«

Die unterschwellige Frage lautet: So jung, so schön und eine Frau – kann die denn das? »Ich habe gegen einen feststehenden Topos verstoßen, nämlich den, dass Mädchen bescheiden sein sollen.« Sie wird gewählt, aber mit mäßigem Ergebnis. Erst ein Jahr später, als sie mit über 80 Prozent wiedergewählt wird, hat sie das Gefühl, sich den Posten erarbeitet zu haben.

Nach der vorgezogenen Neuwahl 2005 zieht Kipping als Spitzenkandidatin der sächsischen PDS/Die Linke in den Bundestag ein. Jung, weiblich, schön – wie beim Einzug in den sächsischen Landtag zieht Kipping damit anfangs mehr Aufmerksamkeit auf sich als mit ihren politischen Kompetenzen. »Das erste halbe Jahr ist das eben so ein Hype. Und dann gibt es den fünften Bericht über ›junge aufstrebende Abgeordnete‹, und die sind meistens ziemlich langweilig.« Auf den ersten Blick seien Jugend und gutes Aussehen hilfreich; auf den zweiten schädlich, weil das automatisch mit Harmlosigkeit gleichgesetzt werde und viele nicht damit umgehen könnten, sobald sich zeigte: Die ist ja gar nicht harmlos. »Und dann gibt es eine Stufe, da wird es egal.«

Längst macht Kipping nicht mehr Verkehrspolitik. Die Sozialexpertin der Fraktion hat das »Netzwerk für ein bedingungsloses Grundeinkommen« mit gegründet – eine Forderung, die in ihren eigenen Reihen nicht unumstritten ist. Die »Linke« ist eine quotierte Partei, doch zeigt sie der großen Öffentlichkeit vor allem Männergesichter: Gregor Gysi, Lothar Bisky und Oskar Lafontaine. »Die drei sind natürlich nicht die personifizierte feministische Praxis«, sagt Kippping ironisch. Ihre Erfahrung: Nicht nur diese drei, sondern alle Männer in politischen Führungspositionen haben im Umgang mit Frauen ein Problem. »Es fällt ihnen schwer, sie als gleichberechtigte Gesprächspartner anzusehen.« Kipping kommt aus der Frauengeneration nach dem großen Aufbruch: »Diese Art, wie man sich jungen Frauen mit Galanterie nähert, sich dabei aber selbst ein bisschen unsicher fühlt, das kann ich inzwischen eher amüsiert beobachten.«

Feminismus kann es für Kipping gar nicht genug geben in der Politik, den Apparaten, die unterschwellig doch noch von Rollenbildern aus der Zeit des Patriarchats geprägt seien. Unsere Vorstellungen davon, was Autorität, Kompetenz, Seriosität ausmache, seien immer noch an die alten Klischees gebunden. »Patriarchale Verhaltensmuster sind nicht allein ein Problem der Männer«, schreibt Kipping in einem Diskussionsbeitrag für das Frauenplenum ihrer Partei. Und schildert, wie ältere Frauen gegenüber jüngeren Männern, die kulturell in den neuen Geschlechterverhältnissen sozialisiert worden sind, gelegentlich Verhaltensweisen im Patriarchenstil herauskehren.

Doch es bleiben die zweierlei Maß. Wenn in einer politischen Debatte ein Minister zur gleichen Sache mit anderen Zahlen operiere als sie, dann werde auch von ihren Leuten eher ihm geglaubt: Weil er größer ist, und weil er kräftiger ist, und weil er eine tiefere Stimme hat. Wie starr Rollenklischees sind, sagt sie, merkt man immer erst dann, wenn jemand dagegen verstößt. Frauen halten sich an Redezeitbeschränkungen, Männer nicht. Wenn Kipping im PDS-Parteivorstand die Sitzungen leitet, müssen sich alle daran halten – nicht zu jedermanns Vergnügen.

Die Linke findet es gut, dass eine Frau Kanzlerin ist. »Aber einen Sommer macht diese Schwalbe noch nicht.« Und sie könnte schwören, dass selbst Angela Merkel viel mehr Selbstdisziplin, Arbeit und Mühe für ihr Amt aufwenden muss als ihre männlichen Vorgänger.

30 Jahre, Bundestagsabgeordnete, stellvertretende Parteichefin. Und Ihre Zukunft, Frau Kipping, wünschen Sie sich eigentlich auch Kinder? Ach, lächelt die junge Frau, das ist ein Thema, das ich lieber bilateral, sozusagen beziehungsintern, bespreche, nicht öffentlich …

TISSY BRUNS

2004: Und dann zog Westerwelle Koch-Mehrin aus dem Hut.

»Wie schaff ich es, von diesen Herren ernst genommen zu werden?«

2008: Die EU-Spitzenkandidatin 2009 mit ihren FDP-Kollegen in Brüssel.

Silvana Koch-Mehrin/FDP
EU-Abgeordnete

Nachdem Silvana Koch-Mehrin im Juni 2004 die Schlacht um ihr erstes Mandat äußerst erfolgreich geschlagen hatte, stand ihr in Brüssel ein »Nachgefecht« bevor. Gefochten wurde um den Vorsitz der FDP im Europäischen Parlament. Denn zwar hatte sie die FDP als Spitzenkandidatin zum ersten Mal seit zehn Jahren und zwei Legislaturperioden wieder ins Europaparlament geführt. Dennoch sahen ihre sechs Fraktionskollegen in der Frage Diskussionsbedarf, ob die 33-jährige, die Guido Westerwelle da als blondes Kaninchen aus dem Hut gezaubert hatte, nun ihre Chefin werden könne. Klar, dass Klaus Kinkel oder Wolfgang Gerhardt, die beide als Spitzenkandidat im Gespräch gewesen waren und den Job als Himmelfahrtskommando dankend abgelehnt hatten, selbstredend nicht hätten kämpfen müssen.

Eigentlich findet die liberale Volkswirtschaftlerin dieses kriegerische Vokabular blöd. Schon das Wort »Wahlkampf« gefällt ihr eigentlich nicht, und das glaubt man ihr gerne, wenn sie leise, konzentriert und mit offenem Blick erzählt. Aber sie hat in den letzten vier Jahren lernen müssen, dass »ich nicht so einfach exekutieren kann«. Nicht erschrecken. Gemeint ist, dass sie nicht, wie ein grau melierter Herr das könnte, »ein Machtwort sprechen und sagen kann: So wird es jetzt gemacht!«. Es hat einfach nicht dieselbe Wirkung. Stattdessen führt Koch-Mehrin im Vorfeld Eins-zu-eins-Gespräche, um Kontroversen möglichst vorab aus dem Weg zu räumen. Würde sie auf den Tisch hauen, bekäme sie ihren Punkt zwar durch, aber »ich müsste dann sehr viel Reparaturarbeit leisten. Hinterher das angekratzte Ego zu kitten, ist sehr viel schwerer.« Die 1,84 Meter große Dame im Gruppenbild weiß nur zu gut: »Im Weltbild vieler Männer ist es noch nicht angekommen, dass Frauen hierarchisch über ihnen stehen. Das muss man sportlich sehen, sonst ist es sehr ermüdend.«

Fast genauso viel Aufsehen wie mit ihrem ersten Mandat erregte die Europaabgeordnete allerdings im März 2005 mit einer Sechs-Seiten-Geschichte im Stern. Darin doppelseitig abgebildet: Koch-Mehrin mit nacktem Baby-Bauch, schwanger mit ihrer zweiten Tochter Elena. Im dazugehörigen Interview holte die Mutter zum Rundumschlag aus: »Eine schwangere Politikerin, die weiter Karriere machen will, ist in Deutschland ein Politikum«, erklärte sie. Sie berichtete, dass ihr irischer Lebensgefährte James, Jurist bei IBM, in Sachen Job und Familie selbstverständlich mit ihr halbe-halbe mache. Sie erläuterte, dass ihre Tochter seit ihrem fünften Monat in eine Kita geht und sie deshalb keine schlechte Mutter sei. Und sie kam zu dem Schluss, dass in Sachen Muttermythos »Deutschland gegenüber anderen Ländern 50 Jahre zurückhängt«.

Für die damals zweifache Mutter war es keine Frage, dass sie im Beruf bleibt. Sie hatte noch sehr genau im Ohr, was ihre Mutter ihr erzählt hatte über die Zeit, in der sie der Kinder wegen einige Jahre ausgesetzt hatte. Die engagierte Lehrerin hatte ihren Mann, einen Journalisten im diplomatischen Dienst, nach Marokko und in den Sudan begleitet, wo Silvana und ihre beiden jüngeren Brüder bis zur Einschulung aufwuchsen. Von dieser Zeit hatte Muttern stets als ihrer »Verblödungsphase« gesprochen. Ihre Tochter nahm es sich zu Herzen.

Die Stern-Geschichte schlug hohe Wellen und polarisierte, was das Zeug hielt. Die einen, meist Frauen, waren begeistert über die Provokation der jungen Politikerin, die das Problem so vieler berufstätiger Mütter auf den Punkt brachte. Die anderen, meist Männer, bezichtigten Koch-Mehrin des politischen Kindesmissbrauchs und prophezeiten ihrer ungeborenen Tochter Essstörungen.

Dabei hatte sie einfach die Nase voll gehabt von der ewigen Fragerei: Wie sie das denn bloß machen wolle, die Politik und zwei Kinder. Das war schon losgegangen, als Koch-Mehrin noch ihre Firma Conseillé + Partners in Brüssel geleitet hatte, mit der sie NGOs und Unternehmen über die Folgen der europäischen Gesetzgebung beriet. »Wenn Sie ohnehin in zwei Monaten ein Kind bekommen, dann brauchen wir Ihnen den Auftrag ja gar nicht mehr zu geben«, hatte sie sich mehr als einmal sagen lassen müssen. Auch die FDP-Ortsvereine, denen sie im Wahlkampf ihre Aufwartung machte, wollten es genau wissen: »Wo ist denn Ihr Kind jetzt?« »Ich habe dann erklärt, dass Mila bei ihrem Vater ist. Und dass ich Vaterliebe für sehr wichtig halte und keinen Unterschied zur Mutterliebe sehe.«

Als Koch-Mehrin 2004 ins EU-Parlament gewählt war und ihre zweite Schwangerschaft deutlich sichtbar wurde, ging es weiter, jetzt in schärferer Form. »Verantwortungslos« sei sie, fanden die einen, weil sie zweifellos ihre Kinder vernachlässigen würde; weil sie ganz sicher ihren Job schleifen lassen würde, fanden die anderen. »Das hat mich wahnsinnig genervt. Ich dachte: Was für eine Anmaßung, sich in meine privateste Lebensplanung einzumischen und vorschnell Urteile zu fällen, wie ich als Mutter bin oder meinen Job machen werde.« Fazit: »Okay, ich muss jetzt hier mal so richtig in die Vollen gehen!« Und weil sie wusste, dass in der Medienrepublik ein Bild mehr zählt als tausend Worte, heckte die FDP-Politikerin mit dem Politikchef des Stern, Mann einer berufstätigen Mutter und Vater, die Fotoaktion aus.

Mit der Parteizentrale abgesprochen war das nicht. »Das wäre wohl kontraproduktiv gewesen«, weil die Abteilung Strategie ebenfalls weitgehend frauenfrei ist und »die Männer kaum verstanden hätten, wie sehr man als Frau da in seinen ureigensten Dingen infrage gestellt wird«.

Doch es gab keinen Ärger wegen der Geschichte. Ein Journalist vom Spiegel schrieb die in dem Blatt übliche Routine-Häme auf, versicherte ihr aber, dass er in der Partei niemanden gefunden hätte, der über sie abgelästert habe. »Das wäre heute vermutlich anders.«

Grund zum Lästern gäbe es zum Beispiel, weil das Präsidiumsmitglied Koch-Mehrin inzwischen unter dem Titel »Schwestern« eine »Streitschrift für einen neuen Feminismus« veröffentlicht hat, mit der sie in einigen Punkten quer zur Parteilinie liegt. Mit ihrer Forderung nach Abschaffung des Ehegattensplittings zum Beispiel, das selbst die Partei der freien Lebensentwürfe nicht antasten will und stattdessen lieber die Hausfrauenehe fördert. Mit ihrer scharfen Kritik am islamischen Kopftuch. Oder mit ihrem Plädoyer für einen ehrlichen Umgang mit der Quote, eigentlich ein sehr unliberales Instrument, »aber es wird bei der Besetzung von Gremien doch auch immer darauf geachtet, dass alle Gruppen vertreten sind: die Julis, die Landesverbände, der Verband der liberalen Kommunalpolitiker. Nur bei den Frauen ist es plötzlich was Negatives!«

Als Silvana Koch-Mehrin zu Beginn ihres Studiums in Hamburg zu den Jungen Liberalen, kurz: Julis, ging, fiel ihr der Männerüberschuss noch gar nicht wirklich auf. Das »Geschlechterding« war auch nicht ihr Thema, schließlich schien es für sie keine Hindernisse zu geben. Koch-Mehrin promovierte, ging nach Brüssel und gründete ihre Firma.

Ihre Wahl war auf die Liberalen gefallen, weil deren Konzept ihr am besten gefiel: Dass »ein Mensch am besten selbst in der Lage ist zu entscheiden, welches Leben er führen möchte, und dass die Gesellschaft dazu da ist, den Rahmen dafür zu schaffen, dass man in gegenseitigem Respekt leben kann«. Bei den Grünen und der SPD sah sie zu viele »Bevormundungsaspekte, die ich nicht möchte«. Spricht da die Diplomatentochter aus gut situiertem Hause? Nein, sagt sie. Hier spricht die Enkelin eines Großvaters mit Volksschulabschluss, der seine Lehre als Dreher wegen einer Verletzung abbrechen musste und sich dennoch zum Leiter einer Textilfirma hocharbeitete. »Er hat mit ungeheurem Einsatz rangeklotzt und sich das aufgebaut. Das hat mich immer unglaublich beeindruckt.«

Koch-Mehrins Vater wurde FDP-Mitglied, ihre Mutter blieb parteilos, gründete aber in Köln einen »Runden Tisch für Ausländerfreundlichkeit« und baute ein Heim für bosnische Flüchtlinge auf, für das sie Schulpatenschaften organisierte. Ihre Kinder sammelten in der Nachbarschaft Kleidung. Anfeindungen wegen der Ausländer, die man da ins Viertel hole, blieben nicht aus. Damals lernte Silvana, dass »man für eine Sache, die man richtig findet, nicht immer Jubelstürme erntet, sondern auch starken Gegenwind bekommen kann«.

Diese Erfahrung konnte sie gut gebrauchen, als sie später in der FDP in Ortsvereine und Kreisverbände kam, »wo zwanzig Männer Mitte fünfzig saßen. Wenn man da als einzige Frau reinkommt, ist das schon heftig.« Die junge Liberale musste sich also die Frage stellen: »Wie schaff ich das, von diesen Herren hier ernst genommen zu werden?« Sie nahm es sportlich, denn: »Wenn man sich anschaut, wo in Politik und Wirtschaft die Entscheidungen getroffen werden, dann sieht es da auch nicht anders aus als in diesem Ortsverband. Und wenn ich da beteiligt sein möchte, dann muss ich lernen, zu bestehen und mich nicht einschüchtern zu lassen.«

Ihre Strategie: mit lauter, fester Stimme sprechen. Die Dinge klar und deutlich formulieren. Textbausteine wie »Ich glaube« oder »Ich denke« vermeiden, stattdessen Zahlen, Daten, Fakten parat haben. Alles andere wird als »weibliche« Kommunikation wahr- und ergo nicht ernst genommen.

Und dann kam also eines Tages, die Geschichte ist bekannt, Guido Westerwelle zum Frühstück nach Brüssel. Und fragte Koch-Mehrin, ob sie Spitzenkandidatin für die Europawahl werden wolle. Die Jungunternehmerin hatte außer einigen Monaten Einkommensausfall nichts zu verlieren, sie sagte zu. Westerwelles Idee, es mit diesem jungen, weiblichen Kandidaten »mal ganz anders zu versuchen als sonst«, wurde in der Partei zunächst »nicht bejubelt«. Nach ihrer Nominierung gab ein Vorstandskollege dem Spiegel zu Protokoll, dass der Parteichef »mit seiner blonden Kandidatin auf reine Äußerlichkeiten setze«. Heute ist Koch-Mehrin Mitglied im Haushaltsausschuss, eine versierte Finanzpolitikerin, die es für wichtig hält, gerade auf der »Jungsspielwiese« mitzumischen, weil dort die finanziellen Weichen für die politischen Entscheidungen gestellt werden.

Im Juni 2009 wird sich zeigen, ob die Spitzenkandidatin – inzwischen dreifache Mutter – die FDP zum zweiten Mal nach Brüssel bringt. Bisher sehen die Umfragewerte gut aus. »Derzeit bin ich guten Mutes, dass es wieder klappt«, sagt Koch-Mehrin. Und wenn doch nicht? »Das Leben ist spannend und vielfältig, auch ohne Politik«, findet die 38-Jährige. »Vielleicht mache ich dann in Australien ne Pommesbude auf!«

CHANTAL LOUIS

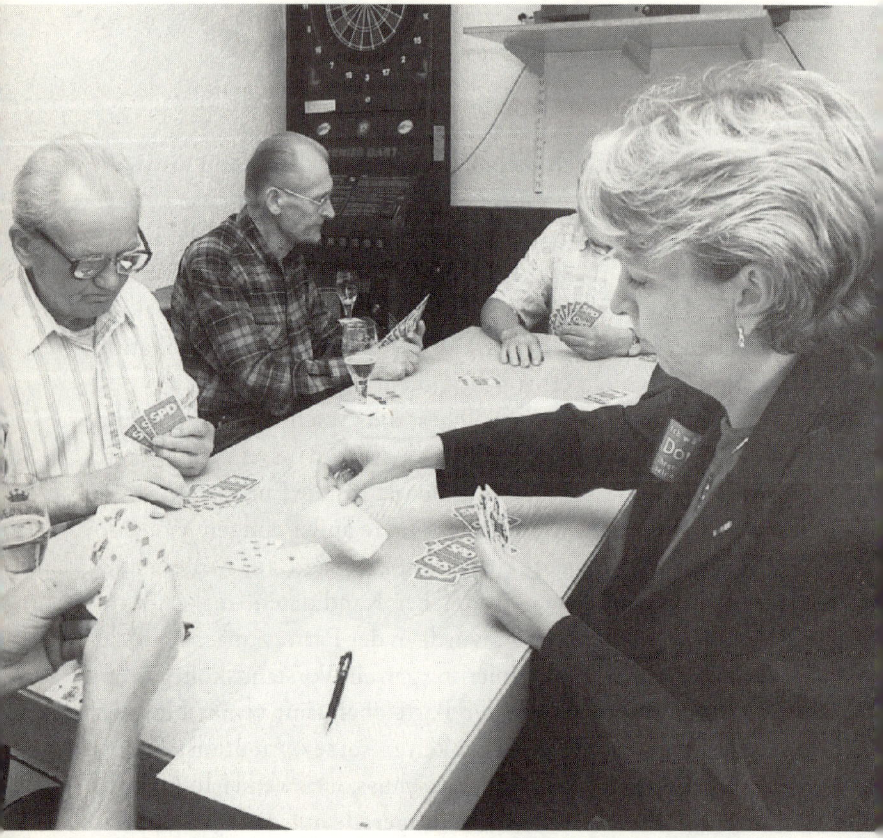

Oft Skat kloppen musste Kraft beim Tingeln durch die Ortsvereine.

»Wer so vonner Seite reinkommt, muss sich die Anerkennung erarbeiten.«

Kandidatin 2010: Gelernt, dass Männer auch nur mit Wasser kochen.

Hannelore Kraft / SPD NRW-Parteivorsitzende

Eine Minute lang war es mucksmäuschenstill im Saal. Mit aufgerissenen Augen und offenen Mündern starrten die Parteimitglieder beiderlei Geschlechts zur Bühne. Dann erreichten die Zahlen, die der Wahlleiter soeben durchs Mikrofon verkündet hatte, das Bewusstsein der anwesenden Genossinnen und Genossen: Hannelore Kraft war soeben zur Kandidatin für ein Düsseldorfer Landtagsmandat gewählt worden. Das hätte eigentlich nicht passieren dürfen.

Denn es war im SPD-Unterbezirk Mülheim-Ruhr schon eine kleine Revolution gewesen, dass überhaupt mehrere KandidatInnen, nämlich vier, zur Abstimmung standen. Noch bei der vorhergehenden Wahl war der potenzielle Landtagsabgeordnete im Hinterzimmer ausgekungelt worden und die Zustimmung durch die Bezirksdelegiertenkonferenz reine Formsache. Die Unternehmensberaterin Kraft war mit anderen Reformen dafür eingetreten, dass solche Kungeleien der Vergangenheit angehörten. »Also hatten wir beschlossen: Das muss ein fairer Wettbewerb sein. Diejenigen, die kandidieren wollen, müssen einen Rundlauf durch die Ortsvereine machen – und dann entscheidet die Delegiertenkonferenz.«

Als Hannelore Kraft das Tingeln durch das Dutzend Ortsvereine beendet hatte, merkte sie: »Das läuft gar nicht schlecht.« Dennoch stand außer Zweifel, dass das Mandat an einen lang gedienten Genossen gehen würde, der zudem Gewerkschafts-Vorsitzender war. »Das war ne Hausnummer!« Was man von Kraft nicht behaupten konnte: 39 Jahre jung, Mutter eines Sohnes und überhaupt erst seit sechs Jahren Mitglied in der ehernen Traditionspartei. Die erste Rede mit »Sehr geehrte Damen und Herren« begonnen. Oha. »Und die will eine von uns sein?«

Die Kandidatin entschloss sich, wenigstens ehrenvoll unterzugehen. Also bereitete sie statt der üblichen Deutschland-muss-gerechter-werden-Rhetorik eine »innovative Rede« vor. Sie begann mit dem Satz: »Stellt euch vor, ich stände am Mülheimer Hauptbahnhof am Fahrkartenautomaten und möchte eine Fahrkarte nach Düsseldorf kaufen. Welche Tasten kann ich da drücken?« Ein Genosse sagte ihr später, spätestens an der Stelle habe man sie »für völlig bekloppt gehalten«. Doch als die Rednerin begann, die verschiedenen Optionen von Schülerfahrkarte über Familienticket bis Seniorenpass zu erläutern, begriffen die GenossInnen allmählich, dass die Kandidatin »über dieses Bild zum Ausdruck bringen wollte, dass ich mich nicht in eine Schublade pressen lasse, sondern die Interessen all dieser Gruppen vertreten möchte und kann«. Krafts Vortrag endete mit »frenetischem Applaus«.

Als in der Pause die Stimmen ausgezählt wurden, stürmten viele auf Hannelore Kraft zu und spendeten Lob plus vorauseilenden Trost. »Tolle Rede! Schade, dass du et nich wirss.« Oder: »So wat hab ich noch nie gehört, aber leider wirss du et ja nich schaffen.« Und: »Nimmet nich so schwer.« Und dann kam der Moment, in dem sich alle anstarrten, als ginge ein Geist durch den Saal. Der Augenblick, in dem die Mehrheit der Delegierten begriff, dass das Kalkül jedes Einzelnen – nur er persönlich wählt diese junge selbstbewusste Frau mit der Fahrscheinrede und alle anderen den Gewerkschafts-Genossen – volle Kanne in die Hose gegangen war. »Das war ein gespenstischer Moment«, erinnert sich Hannelore Kraft. »Ich hatte gewonnen. Und zwar richtig dicke.«

Nach Ende der Schreckminute brach Jubel im Saal aus – und »leichte Panik« bei Hannelore Kraft. Dass die SPD den Wahlkreis 74 Mülheim an der Ruhr II/Essen VII im Direktmandat holen würde, war klar. Sie würde also auf alle Fälle im Landtag sitzen. »Und ich dachte: Mensch, jetzt hast du nen neuen Beruf.« Viele ihrer Wahlplakate klebte die Kandidatin selbst, mit dem sechsjährigen Sohn Jan im Schlepptau, der den Kleistereimer halten durfte. Kraft weiß, dass sie so was bis heute machen muss. Ihr fehlt der SPD-Stallgeruch. Quereinsteigerin, Volkswirtschaftlerin, Unternehmensberaterin – ein Profil, das jeden alten Ruhrpottler die Stirn runzeln lässt.

Allerdings: Die zarte Blonde mit dem knielangen, weich fließenden Rock sagt bis heute mit tiefem Timbre »Maaketting«, »Patteitach« und »frauenbeweecht«. Kein Bottroper Schrebergärtner könnte es besser. Und sie weiß nur zu gut: »Wenn man so vonner Seite reinkommt, muss man sich die Anerkennung inner Pattei erarbeiten.« Deshalb hat sie im letzten Landtagswahlkampf zweieinhalbtausend Hausbesuche gemacht und in Ortsvereins-Stammkneipen mit SPD-Veteranen hundertfach Skat gekloppt.

Hannelore Kraft kommt zwar »vonner Seite«, ist aber mitten im Ruhrpott aufgewachsen, nämlich in Mülheim an der Ruhr, wo sie noch heute lebt. Der Vater Busfahrer, der sich später zum Verkehrsmeister hocharbeitete; die Mutter Verkäuferin, die bei AGFA im Akkord Filme in Dosen steckte und das auch weiter tat, nachdem Hannelore und ihre vier Jahre ältere Schwester da waren. »Das wäre finanziell auch gar nicht anders ausgekommen.«

Die Oma lebte mit im Haus, kochte mittags für die Mädchen und übernahm ein bisschen was vom Haushalt. Und Hannelore kickte mit Begeisterung mit den Jungs auf dem Schulhof. Weil es keinen Fußballverein gab, der Mädchen aufnahm, »bin ich dann beim Handball gelandet«. Allein unter Männern wird Hannelore Kraft noch öfter sein, zum Beispiel auf dem Gymnasium im Chemie-Leistungskurs, wo »die Jungs, die mit dem Chemiebaukasten aufgewachsen waren, klar im Vorteil waren«. Oder als Beraterin mittelständischer Unternehmen beim Zentrum für Innovation und Technik NRW, wo sie den Umgang mit älteren Herren schon mal für die Politik proben kann.

Die Politik kommt mit dem Fernsehen in den Haushalt. »Meine frühesten Kindheitserinnerungen sind, dass ich mit meinem Vater auf dem Sofa sitze und Bundestagsdebatten oder den Frühschoppen gucke – und nicht viel verstehe. Mein Vater hat dann versucht, mir das eine oder andere zu erklären.« Resultat: »Ich fand Politik spannend.«

Bis Hannelore Kraft dann selbst Politik macht, dauert es allerdings noch runde 30 Jahre. Vorher macht sie »als Zweite aus ner Riesenfamilie« Abitur, traut sich aber nicht zu studieren. Sie macht eine Banklehre und stellt fest, dass »die interessanten Jobs die sind, für die man studiert haben muss«. Also traut sie sich doch und sieht, weil sie sich das Studium selbst mit Jobs finanzieren muss, »viele Unternehmen von innen«. Resultat: »Ich hab mich dann schnell für das große Ganze interessiert: Wie fließen die Geldströme? Was passiert bei der Europäisierung und der Globalisierung?«

Der Einstieg in die Politik kommt 1994, und das bezeichnenderweise, als sich Hannelore Kraft gerade über ein sehr handfestes Problem ärgert: Es gibt keinen Betreuungsplatz für ihren Jan. Sechs Wochen vor und acht Wochen nach der Geburt plus aufgesparte Urlaubstage hat die Mutter pausiert und ist dann wieder halbtags eingestiegen. De facto ist sie »alleinerziehend mit Wochenendbesuch«, denn der Vater ist als selbstständiger Elektroinstallationsmeister häufig im Osten unterwegs. Später, als Kraft

Landtagsabgeordnete, Ministerin und Vorsitzende der NRW-SPD wird, wird Udo Kraft nicht nur »volles Verständnis«, sondern auch Zeit dafür haben, dass sich nun die Rollen umkehren.

1994 verliert die SPD die Kommunalwahlen und muss zum ersten Mal seit Jahrzehnten angestammte Posten an die CDU abgeben. »Es hat mir Sorgen gemacht, dass die SPD da verloren hat«, erinnert sich Kraft, deren Familie »immer SPD-nah war« und für die die SPD »die Partei war, die für Bafög und Durchlässigkeit stand und mir den Aufstieg möglich gemacht hat«. Nach der historischen Niederlage wollte sie »irgendwie was zurückgeben. Ich bin dann hingegangen und hab gesagt: Vielleicht könnt ihr mich jetzt gebrauchen.«

Der erste Brief, den die neue Genossin bekommt, lautet sinngemäß so: »Liebe Genossinnen und Genossen, es wird Zeit, dass wir uns reformieren. Es gibt zehn Themen, an die wir jetzt ranwollen. Was interessiert dich?« Hannelore Kraft kreuzt alle an. »Und damit war ich in zehn Arbeitskreisen.«

Die 33-Jährige kommt in einem günstigen Moment. »In dieser schwierigen Umbruchphase für die SPD kamen die Frauen nach oben.« Und die Frau, die erst SPD-Chefin werden durfte, als die Sozialdemokraten nach vier Dekaden die NRW-Landesregierung abgeben mussten, stellt trocken fest: »Das ist wohl nicht ganz untypisch.«

Die Genossin Kraft gehört zu den »Reformern« und lernt in all den Arbeitskreisen die »Seele der Pattei kennen«. Zu der gehört, dass sie »das Mauscheln in Hinterzimmern nicht abkann«. Reformerin Kraft fragt: »Es muss doch auch mal jemand anders kandidieren?« Die, die infrage kämen, antworten: »Wenn ich dann nicht gewinne, bin ich verbrannt.« Die Neue entgegnet: »Gut, dann kandidiere ich! Ist mir egal, ob ich verbrenne.« Sie verbrannte nicht, auch wenn so mancher versuchte zu zündeln.

Im April 2001, ein Jahr, nachdem Hannelore Kraft ihr Landtagsmandat angetreten hat, tritt NRW-Europaminister Detlev Samland wegen einer Steueraffäre zurück. Kraft ist an diesem entscheidenden Samstagabend gerade beim Spargelschälen und guckt Borussia Mönchengladbach, als ein ihr unbekannter Journalist anruft. Was sie denn dazu sage, dass sie als Nachfolgerin im Gespräch sei? Kraft, die im Europa- und Medienausschuss sitzt, lacht herzhaft, schläft aber trotzdem mit dem Handy neben dem Bett. Als Wolfgang Clement sie am nächsten Tag zu sich bestellt, weiß die in Rhetorik, Kommunikation und dergleichen Geschulte genau, »was Frauen in solchen Situationen für gewöhnlich falsch machen. Ich hab also gesagt: Das kann ich! Das war für ihn erkennbar verblüffend.« Clement machte Kraft zur Ministerin. Als Nachfolger Steinbrück übernahm, bat sie ihn um ein anderes Ressort. Das permanente Reisen zwischen Brüssel, Berlin und Düsseldorf war ihr dann in Sachen Familie doch zu heftig. Sie bekam Wissenschaft und Forschung.

Und jetzt, nach immerhin schon 14 Jahren SPD-Mitgliedschaft, ist Hannelore Kraft als Chefin des größten SPD-Landesverbandes und Fraktionsvorsitzende die Nachfolgerin der beiden SPD-Granden Johannes Rau und Franz Müntefering. Und 2010 wird sie die Herausforderin von Jürgen Rüttgers für das Amt der Ministerpräsidentin sein. Wahnsinns-Fußstapfen? »Da denk ich eigentlich nicht drüber nach.« Andererseits: »Ich hab in meinem beruflichen Leben gelernt, dass Männer auch nur mit Wasser kochen.«

CHANTAL LOUIS

1986: Noch Bürgerin der »Republik freies Wendland«.

»Als es um den Kosovo ging, gab es keine moralische Lösung.«

2008: Als Realpolitikerin immer offen für alle Möglichkeiten.

Renate Künast/Die Grünen
Fraktionsvorsitzende

Die 17-Jährige sitzt im Seminar über gewerkschaftliche Jugendarbeit, die Diskussion hat sich ziemlich verhakt. Es ist die Zeit der frühen 1970er-Jahre, in der junge Männer ihre Weisheiten mit fünf Fremdwörtern pro Satz spicken. Renate Künast grübelt, wie sie ihre Idee vortragen soll. Sie ist nervös, sie kämpft mit sich – da steht ein Kommilitone auf und sagt genau das, was sie sich zurechtgelegt hatte. Er wird vom Dozenten mit Lob überschüttet. »Das war so eine Stelle, im ersten Semester Sozialarbeit, da hab ich mir gesagt: Renate, das muss dir wirklich nicht noch mal passieren.«

Ist es auch nicht. Die Renate Künast von heute muss diese Geschichte schon erzählen, wenn man ihr glauben soll, dass sie einmal »ganz schüchtern« angefangen hat. Die Ex-Ministerin und grüne Fraktionschefin wirkt robust und nervenstark. Als erste Spitzenpolitikerin kultiviert sie einen burschikosen Stil: Hosenanzug, flache Schuhe, Mecki-Haarschnitt. Auf Landwirtschaftsmessen begegnet sie den Bauern handfest und tätschelt ihre Rinder. Und wenn sie am Rednerpult des Deutschen Bundestags austeilt, kann man sich nur schwer vorstellen, wie es ihr 1985 vor ihrer ersten Rede als frisch gewählte Mandatsträgerin im Berliner Abgeordnetenhaus ergangen ist. »Absolute Spannung«, sagt sie, »vorher war ich bestimmt zwei-, dreimal im Ladies' Room.« Und dann hat sie ihre Rede »sehr hektisch und schnell und laut zur Vorführung gebracht«.

Die Abgeordnete Künast kommt aus der Partei, die allen anderen die Quote vorgemacht hat. Ihr Stress, überhaupt aufgestellt zu werden, hält sich deshalb in Grenzen. Wer sich als Frau für halbwegs handlungsfähig und klug hält – und dieses Selbstbewusstsein hat sich bei der damals 30-Jährigen längst eingestellt –, muss sich bei den Grünen im Kampf um die Listenplätze nicht verausgaben. Künast absolviert in diesem Jahr das zweite juristische Staatsexamen, sie hat sich eine neue berufliche Perspektive erarbeitet neben der ersten als Sozialarbeiterin. Aber Künast ist eine, die – wenn schon, denn schon – auch gewinnen will, wenn sie ins Rennen geht. Und sich nicht drückt, wenn sie gewonnen hat. »Ich hatte mich bis dahin durchgebissen und immer gewusst: Da musst du durch.« Frau solle sich nicht gleich den Mount Everest vornehmen: »Aber die Hügel soll man schon erklimmen.« Ihre Devise lautet: rückwärts nie!

Zu ihrer Laufbahn passt das Bild vom Hügel natürlich nicht. Denn die ist steil und führt gelegentlich über Abgründe. Renate ist ein Kind des Ruhrgebiets; im Recklinghausen der 1950er- und 60er-Jahre wäre die mittlere Reife schon eine schöne Sache für die Tochter eines Kfz-Mechanikers, der erst von der Lehrerin überredet werden muss, das begabte Kind doch zur Realschule zu schicken. Genervt habe sie den Vater damit, erzählt Künast. In ihrer ganzen Verwandtschaft sei sie die Erste gewesen, die mehr machen wollte als die Hauptschule.

Eine klassische Mädchenerziehung, nach der Schule ein Büroberuf, Heirat – so sieht die Recklinghauser Mädchenkarriere aus. Als Renate schließlich zur Realschule geht, da löst sie »einen Heidenrespekt« aus bei den Eltern, die nun – wenn schon, denn schon – darauf achten, dass sie ihre Hausaufgaben ordentlich macht und die mittlere Reife schafft. Die Aufsteigerin setzt die Fachoberschulreife noch obendrauf und studiert Sozialarbeit an der Fachhochschule in Düsseldorf. 21-jährig tritt sie ihren ersten Job in Berlin an, in der Justizvollzugsanstalt Berlin-Tegel. Zwei Jahre arbeitet sie im Gefängnis; es sind Jahre, in denen sie fürs

Leben und die Politik lernt, dass sich zwischen gutem Willen und guter Tat eine gewaltige Kluft auftun kann.

Künast studiert Jura, sie politisiert sich, tritt 1979 in die Berliner Alternative Liste ein, die sich später den Grünen anschließt. Doch zunächst zieht es sie nach Niedersachsen, in den Landkreis Lüchow-Dannenberg, wo neben dem geplanten Atommülllager Gorleben ein Hüttendorf entsteht. Künast wird Inhaberin eines Passes der »Republik Freies Wendland«. Von der Bundesrepublik Deutschland, die sie später als Ministerin mitregieren wird, hält sie nicht viel.

»Das Land!«, antwortet sie ganz entschieden auf die Frage, wer sich denn auf dem langen Weg mehr verändert habe: die Grünen und Renate Künast oder die Bundesrepublik? Ja, sie habe zu den »etwas radikaleren Linken in dieser Partei« gezählt, die dazu neigen, der Realität alternative Modelle gegenüberzustellen, und Postulate wichtiger finden als Resultate. Davon hat sie sich wegentwickelt. »Dazu bin ich zu praktisch aufgewachsen, ich wollte immer, dass aus meinen Vorstellungen etwas wird, dass ein Ergebnis folgt.«

Als »Erweckungserlebnis« beschreibt sie die Diskussion um das Problem der Drogenabhängigen in Gefängnissen. Künast hält, durch die Jahre im Strafvollzug bestärkt, daran fest, dass Suchtkranke nicht in den Knast gehören. Aber für sie gibt es auch den Schritt in die richtige Richtung, die »positive Reform«, praktische Politik, die den Betroffenen hilft, auch wenn die grundsätzliche Forderung nicht realisiert werden kann, Langzeittherapien außerhalb der Gefängnisse bereitzustellen und zu finanzieren.

Eine zweite Herausforderung erlebt sie, als sie nach einer Berliner 1.-Mai-Randale ernsthaft darüber nachdenken muss, wie denn Polizeieinsätze aussehen könnten, zu denen eine grüne Politikerin nicht einfach Nein sagt. Sie habe sich gefragt: »Bist du einfach kontra oder entwickelst du ein anderes Polizeibild?« Heute seien deeskalierende Einsätze normal, weil an der Polizeiführungsakademie dazu ausgebildet werde. In den 1980er-Jahren ist das eine radikale Idee, die mancher aus den Reihen der grünen Klientel für Verrat hält. Künast hingegen macht sich nun auch über die Polizisten Gedanken, die in solchen Einsätzen in Gefahr geraten können, und über die Berliner, die nicht regelmäßig ihren Stadtteil verwüstet sehen wollen. Sie versteht sich nicht als die Heldin einer Szene oder Partei; sie ist Politikerin, die im Bürgerinteresse nach einer Lösung sucht. Die Grüne hört sich an, was die von der Polizeigewerkschaft sagen, und trifft Vereinbarungen mit Polizeibeamten. »Da taucht dann die Frage auf: Bin ich damit meinen eigenen Ideen und Überzeugungen noch treu?« Für Künast lautet die Antwort: »Ja.«

Zur härtesten Prüfung wird für sie Ende der 1990er-Jahre die Frage der Auslandseinsätze der Bundeswehr. »Als es um den Kosovo ging, gab es keine Lösung, die kein moralisches Problem aufgeworfen hätte.« Künast trifft ihre Wahl: Sie stellt sich nicht gegen den mächtigen grünen Außenminister Joschka Fischer.

Selber Ministerin wird sie 2001, als mitten im Wirbel des BSE-Skandals die grüne Gesundheitsministerin Andrea Fischer zurücktritt und damit auch Landwirtschaftsminister Funke von der SPD zur Amtsaufgabe nötigt. Joschka Fischer zieht da die Karte Künast, nicht zum ersten Mal. Sie wurde von ihm schon 1998 als ministrabel ins Spiel gebracht, während der ersten rot-grünen Koalitionsverhandlung. 1999 ist es wieder Fischer, der das Duo Künast/Fritz Kuhn zu Bundesvorsitzenden der Partei macht.

Künast weiß, dass Joschka Fischer, der heimliche Chef der Grünen, sie manchmal »gezogen« hat. »Manchmal sogar überraschend, ohne dass ich davon wusste.« Politisch findet sie ihn »einfach grandios«, von seiner Analyse- und Strategiefähigkeit hat sie viel gelernt, und erst recht vom Wahlkämpfer Fischer. Aber sie weiß auch, dass sie gut daran getan hat, immer ein Stück Distanz zu halten. Zum Fischer-Tross, den der grüne Superstar stets um sich gesammelt hatte, wollte Künast nie gehören. Ihre Autonomie sei ihr immer wichtiger gewesen: Mach es lieber selbst, dann musst du nicht erleben, wie es sein kann, wenn deine Gefolgschaft nicht mehr gebraucht wird, wenn du nicht mehr gemocht wirst.

Tausend MitarbeiterInnen hat Ministerin Künast nun, dreitausend in nachgeordneten Behörden und Einrichtungen. Sie will ihr Haus reformieren, aus der traditionellen Agrarlobbyisten-Behörde soll ein Verbraucherschutzministerium werden. Künast will »Pflöcke einrammen«. Und das geht nur, wenn sie ihre Vision, den »grünen Faden«, im Dickicht von tausend Einzelheiten nicht verliert. Sie konzentriert sich auf das Wesentliche: Verbraucherschutz, Agrarwende und ein Schub in Richtung ökologische Landwirtschaft, ein vernünftiges Gentechnikgesetz.

Die Verbraucherschutzministerin zählt zu den Erfolgreichen im Kabinett Schröder, das 2005 zu Ende geht. Künast wird Vorsitzende der grünen Bundestagsfraktion, während die Verhandlungen um die große Koalition noch laufen. Die Konzentration auf die »grünen Fäden«, auf das, was man wirklich durchsetzen will, ist für Künast nicht nur ein strategisches Konzept. Es ist auch ihr taktischer Rat an Frauen in der Politik. Als »in der persönlichen Zusammenarbeit zurückhaltend« beschreibt Schröder die Ministerin. Das ist nur auf den ersten Blick erstaunlich. Denn die forsche Künast hat in ihren Ämtern gelernt: Frauen müssen sich abgewöhnen, ihr Gegenüber immer überzeugen zu wollen, wenn es um Kompromisse geht. »Es kommt darauf an, genau zu wissen, welche drei Punkte man durchsetzen will. Dann«, sagt Künast, »kann man bei den 15 anderen gelassen die Deals machen, die nötig sind.« Was Schröder als Zurückhaltung wahrnimmt, ist Künasts Verzicht auf männliches Imponiergehabe in politischen Durchsetzungsprozessen. »Als ich das Gentechnikgesetz drastisch verschärfen wollte und unter scharfer Kritik von CDU, CSU und FDP stand, ist mir als Ministerin nie der Satz über die Lippen gekommen: Ich lehne die Gentechnik ab. Nicht mal nachts und nicht am Biertisch. Denn ich wusste, auf diesem Satz wirst du aufgespießt.«

Ein persönliches Hinterland hält Künast in der Spitzenpolitik für wichtig. Sie lebt mit einem Mann zusammen, der sich selten öffentlich mit ihr zeigt, ein Strafverteidiger, der in seinem Beruf eine Kapazität und entsprechend eingespannt ist: eine Beziehung, in der keine Machtfragen zu klären sind. »Ich habe früh gelernt«, sagt sie, »den eigenen Weg zu gehen. Mir geht's wie jedem im Leben, der in der Jugend Kompromisse ablehnt und in der Lebensmitte anders damit umgeht. Wenn ich nicht eine bestimmte Radikalität gehabt hätte, dann hätte ich mich nicht verändert. Dann wäre ich den Weg gegangen, der in Recklinghausen für mich vorgesehen war.«

TISSY BRUNS

Von der Leyen: Mit Ehemann Heiko und Kindern im heimischen Garten.

»Ich hatte einfach gar keine Ahnung, wie man das anfängt mit der Politik.«

Die Ministerin: Von der umstrittensten Politikerin zur beliebtesten.

Ursula von der Leyen / CDU
Familienministerin

Irgendwie hatte sich Ursula von der Leyen das mit der Politik ganz anders vorgestellt. Da war die promovierte Ärztin gerade aus den USA zurückgekommen, wo sie an der Graduate School of Business studiert und für die »Stanford Health Services Hospital Administration« Marktanalysen gemacht hatte. Und nun saß sie da mit einem Landwirt aus Sehnde, der sie davon zu überzeugen suchte, dass sie für den Stadtrat des 20.000-Seelen-Ortes auf dem niedersächsischen Land kandidieren müsse.

Obwohl Tochter des früheren Ministerpräsidenten von Niedersachsen, Ernst Albrecht, war Ursula von der Leyen zunächst ein »völlig unpolitischer Mensch« gewesen. »Ich hatte, so erstaunlich sich das anhört, keine Ahnung, wie man anfängt. Wo geht man hin und sagt: Hallo, hier bin ich, wo kann ich mitarbeiten?« Auch von der Leyens Vater konnte ihr nicht so recht weiterhelfen. Er war selbst als hoher Beamter der EU, die 1969 noch EWG hieß, direkt aus Brüssel nach Hannover gerufen worden, um dort Wirtschaftsminister zu werden. Parteiarbeit von der Pike auf kannte er nicht.

Ernst Albrecht riet seiner Tochter: »Frag doch einfach mal Christian Wulff!« Von der Leyen ging also zum niedersächsischen CDU-Parteichef, anno 2000 noch Oppositionsführer, und fragte an: »Herr Wulff, ich würde mich gern in der Politik engagieren, ich weiß nur nicht, wie man anfängt.« Dabei schwebte der 42-jährigen Medizinerin das weite Feld der Gesundheitspolitik vor. Die Mutter von inzwischen sieben Kindern hatte an der Medizinischen Hochschule Hannover ein Postgraduiertenstudium begonnen, um Master of Public Health zu werden, und arbeitete dort als wissenschaftliche Mitarbeiterin in der Abteilung Sozialmedizin und Gesundheitssystemforschung.

Doch Christian Wulff sagte etwas Überraschendes: »Sie gehen am besten zu Ihrem Ortsvereinsvorsitzenden in Ihrem Dorf und melden sich bei ihm.« Rückblickend findet sie: »Der Rat ist Gold wert gewesen.« Denn nun lernte sie nicht nur die Partei von der Pike auf kennen, sondern auch den Grundsatz, dass jede noch so gute Idee zunächst eine Mehrheit und am Ende eine Ziffer im Haushaltsplan braucht, damit auch etwas daraus wird.

Der Ortsvereinsvorsitzende von Sehnde-Ilten, wo die damals noch neunköpfige Familie mit Hund, Ziegen und Pferden im Grünen wohnte, war begeistert. Denn die Kommunalwahlen standen bevor, und er fand es eine ausgezeichnete Idee, diese junge und zudem nicht ganz unbekannte Frau auf seine Liste zu setzen. Nun also Partei von der Pike auf. Das hieß: Flyer am heimischen Rechner im Wohnzimmer entwerfen, beim Dorffest kräftig mitfeiern, Wahlplakate an Laternenpfählen anbringen. »Ich habe so einiges über kommunale Wahlkämpfe gelernt«, sagt die Ministerin. Man muss wissen, wo die Menschen wirklich der Schuh drückt, und was sie von Politikern erwarten. Oder auch: »Dass man für Wahlplakate keine Nägel in Bäume schlagen und keine Verkehrsschilder benutzen darf.«

Ursula von der Leyen erinnert sich nicht mehr genau, wie lange die CDU in Sehnde in der Opposition gewesen war. Jedenfalls blieb sie es nun nicht länger. »Wir haben zu unserer eigenen Begeisterung der SPD das Rathaus abgejagt.« Und »Röschen« wurde Fraktionsvorsitzende. Die damals 39-Jährige ging den Job an, wie sie vermutlich alle Jobs angeht. »Wenn ich das jetzt mache, dann mache ich es auch gut. Ich will hier nicht scheitern, weil ich keine Ahnung habe!« Also belegte sie nicht nur bei der Adenauer-Stiftung Wochenseminare über Kommunale Haushaltsführung, sondern übte mit ihrem erfahrenen Vorgänger auch im Rollenspiel, wie man eine konstituierende Sitzung leitet.

Äußerst vergnügt erzählt die Bundesfamilienministerin in ihrem Berliner Büro die Dönekes aus dieser Zeit, die die Basis dafür gelegt hat, dass sie in so rasant kurzer Zeit den Weg von Sehnde nach Berlin gehen konnte, nämlich in nur neun Jahren.

Die Frau ist bekanntermaßen ein Ausbund an Konzentration, Disziplin und Zielstrebigkeit, wofür nicht nur der akkurate Obstteller spricht, den sie in ihrem Büro statt der üblichen Gebäckmischung reicht, sondern auch ihre Politik, die die Grundfesten der Hausfrauenrepublik erschüttert hat.

Doch so ganz dornenfrei war von der Leyens Weg ins Ministerium nicht. Als sich die Stadträtin um ein Landtagsmandat bewerben wollte, war es mit dem Tüchtige-junge-Frau-muss-zu-uns-Bonus vorbei. Landtagsabgeordnete werden nämlich, im Gegensatz zu den Stadträten (die 13,50 Euro pro Sitzungsstunde bekamen und ansonsten ehrenamtlich arbeiteten), sehr gut bezahlt. »Die sandten jetzt ein zwiegespaltenes Signal aus: Solche Frauen wie Sie können wir gut gebrauchen – aber nicht in dieser Position und nicht jetzt.« Ein »maßgeblicher Mann« nahm die Kommunalpolitikerin beiseite und vertröstete sie auf später: »Warten Sie mal noch fünf Jahre, das mit dem Landtag muss doch jetzt nicht sein ...«

Doch von der Leyen sah das anders: »Ich hatte die naive Vorstellung, dass es doch möglich sein muss, dass ich mich um das Mandat bewerbe. Ich kann ja dann durchfallen, aber bewerben muss ich mich doch dürfen.« Genau das sagte sie also. »Und dann habe ich zum ersten Mal erlebt, wie man versucht hat, mich auszubooten.« Der Plan: die potenzielle Kandidatin so lange hinhalten, bis die Bewerbungsfrist vorbei ist. Unterstützer mit Erfahrung, die sie im Laufe ihrer Karriere trotzdem immer mal wieder fand, gaben ihr den entscheidenden Tipp. 48 Stunden vor Ablauf der Frist merkte die Neue, was Sache war, und schlug sich selbst vor. Sie gewann knapp mit 135 zu 134 Stimmen. Ein zweiter und dritter Ausbootungsversuch folgten.

Ihr Konkurrent focht die Wahl an, weil bei einer Stimme für von der Leyen »angeblich das Kreuz verrutscht war«. Es folgte eine lange Debatte mit großformatigen Fotos des fraglichen Stimmzettels in den Zeitungen sowie ein Parteigerichtsverfahren. Das ging erst zu von der Leyens Gunsten aus, in einer weiteren Runde zu ihren Ungunsten. Nun hieß es, zehn Tage vor der Listenaufstellung könne man keine neue Urwahl mehr ansetzen … Es ging natürlich doch. »Wäre das damals anders gelaufen«, ist sich von der Leyen sicher, »wäre ich heute nicht Bundesfamilienministerin.«

Und dann war da natürlich die Sache mit den Kindern. Immer stand bei den Veranstaltungen ein älterer Herr auf und fragte, wie die gnädige Frau das denn schaffen wolle: ein Landtagsmandat und sieben Kinder. Heute antwortet die Familienministerin aus Prinzip nicht mehr auf diese Frage, weil sie findet, dass »es nicht geht, dass man einen erwachsenen Menschen um die 50 fragt, ob er seinen Alltag organisieren kann«. Auch da hat die Erfahrung in den USA sie bestärkt: »Das Leben mit den Kindern dort haben wir als wirkliche Befreiung erlebt, weil uns niemand Vorwürfe machte, dass wir gern in unseren Berufen sind.« Die Ministerin persönlich hat heute in der 6. Etage eine Ministeriums-Kita eingerichtet, und auch in ihrem Ministerinnenbüro sind die bisher zwei Babys der Mitarbeiterinnen »herzlich willkommen«.

Mit ihrem Mann Heiko von der Leyen, ebenfalls Mediziner, hat die siebenfache Mutter die Tatsache, dass sie 2002 Berufspolitikerin werden wollte und was das für seinen Einsatz als siebenfacher Vater bedeuten würde, nie »so formalisiert besprochen«. Eher ging es um pragmatische Fragen: Wer kann welches Kind wann zur Schule bringen? Brauchen wir heute Abend einen Babysitter? »Richtig bewusst ist uns unsere Arbeitsteilung erst geworden, als ich Landesministerin in Hannover wurde.« Das geschah ein Jahr später, und plötzlich »schallte ihm offener Spott entgegen, weil seine Frau ja jetzt Karriere machte. Und diese Reaktionen waren für ihn enorm schmerzhaft.« Das Paar führte viele Gespräche. »Du bist ein Trendsetter!«, prophezeite die »Karrierefrau« ihrem Mann: Der konnte das damals noch nicht so recht glauben.

Nur drei Jahre später konnte Ursula von der Leyen selber in Berlin mit die Weichen stellen für eine Politik, die es schon heute in Deutschland selbstverständlicher sein lässt denn je zuvor, dass Frauen mit Verantwortung übernehmen in der Welt – und Männer im Haus. Denn das ist ja das ganz und gar Bemerkenswerte an dieser konservativen Frauen- und Familienministerin: Dass sie nicht nur entscheidend zum Recht von Familien auf Krippen- und Kindergartenplätze beiträgt, sondern dass sie mit ihren nicht zufällig so umtosten zwei Vätermonaten beim Elterngeld wirklich ans Eingemachte gegangen ist: Sie hat die alte feministische Kernforderung der Neuordnung der Arbeitsteilung von Frauen und Männern in angewandte Politik umgesetzt. Dass dann dazu auch Aktionen des Ministeriums gehören wie der bundesweite Wettbewerb »Neue Wege für Jungs« – die Mädchen gehen sie ja schon –, versteht sich.

Dabei war die junge Mutter und Ärztin im Praktikum einst selbst durchaus »zerrissen« und »hochambivalent« gewesen, als sie 1987 mit dem ersten Kind schwanger war und ihre Mutter

Heidi-Adele die Doublebind-Botschaft sandte: »Einerseits war sie stolz, dass ich jetzt junge Ärztin war; andererseits erwartete sie ganz klar, dass ich nun zu Hause bliebe.« Ganz wie die promovierte Germanistin und Journalistin es damals selbst getan hatte, als sie das erste von sieben Kindern bekam. »Sie war eine sehr glückliche Mutter. Aber sie hat ein Leben lang damit gerungen, nicht mehr schreiben zu können«, erinnert sich Tochter Ursula. »Dieser innere Konflikt hat sich natürlich auf mich übertragen.«

Und Vater Ernst Albrecht? Der muss wohl ausgestrahlt haben, dass Politik was Positives ist: »Denn wir dachten alle: Das wär mal was für später.« Gleichzeitig nervte es die sechs Albrecht-Kinder, ständig auf ihren Vater, den bedeutenden Ministerpräsidenten, angesprochen zu werden. »Das hasst man als Kind.« Folge: »Die Politik gehörte ihm, und darum sollte er sich gefälligst kümmern.«

Erst 1990, im Alter von 32 Jahren, traten Ursula von der Leyen und ihre fünf Brüder – eine Schwester war noch als Kind gestorben – in die CDU ein. Gerhard Schröder hatte fulminant gegen Albrecht gesiegt, und die Kinder hielten diesen Akt der Solidarität mit dem Vater für angebracht. Der Schritt der Tochter in die aktive Politik folgte erst gut sechs Jahre später.

Denn da war noch etwas. Der Vater betrachtete den Weg aller sechs Kinder »mit Interesse und Wohlwollen. Aber bei mir, der Tochter, hatte ich das Gefühl, dass ihn mein beruflicher Weg nicht ganz so interessierte wie der meiner Brüder.« Aus heutiger Sicht glaubt Ursula von der Leyen, dass dieser Wettbewerb des einzigen Mädchens mit seinen fünf Brüdern ein ausschlaggebender Impuls, eine Herausforderung war. Diese Herausforderung hat Ursula von der Leyen angenommen – und in ihre Politik eingebracht.

CHANTAL LOUIS

1980: Die Abgeordnete hält ihre erste Rede im Bundestag.

»Die Frauen werden in der Politik nur was über die Leichen der Männer.«

2008: Die Ex-Ministerin ist wieder Abgeordnete im Landtag.

Ursula Männle/CSU
Landtagsabgeordnete

In ihrer rund 50-jährigen politischen Laufbahn zwischen Bayern und Bonn hat Ursula Männle eine einschneidende Erfahrung gemacht: »Die Frauen werden nur was über die Leichen der Männer.« Diese Einschätzung dürfte sie mit vielen anderen Politikerinnen teilen – auch solchen, die nicht in der CSU beheimatet sind. Allerdings ist der Satz in Männles Fall wörtlich zu nehmen, zumindest was ihr erstes Mandat anbelangt: Der Abgeordnete Heinrich Reichold war verstorben. Und so durfte Ursula Männle, auf aussichtslosem Listenplatz 26 gesetzt, im Oktober 1979 als vierte Nachrückerin doch noch in den Bundestag einziehen, neun Monate vor Ende der Legislaturperiode.

Frau Professor Männle hatte sich sehr gewundert, als an einem Morgen die Sekretärin der Katholischen Stiftungsfachhochschule München den Kopf durch die Tür des Hörsaals steckte, in dem sie gerade eine Vorlesung in Soziologie hielt, und sie ans Telefon bat. »Sitzt du?«, fragte am anderen Ende der Leitung die spätere bayerische Justizministerin und Männle-Vertraute Mathilde Berghofer-Weichner. Ursula Männle saß, und zwar schon am nächsten Tag auf ihrem Abgeordnetenstuhl in Bonn. Als »eine von drei Frauen unter rund fuchzig Männern«.

»Sie wissen ja, dass wir Ihnen gegenüber skeptisch sind«, sagte zu ihr Friedrich Zimmermann, auch bekannt als »Meineid-Fritz« und späterer Bundesinnenminister. »Aber jetzt sind Sie nun mal da, jetzt arbeiten mer halt zamm.« Ursula Männle war bei ihrer Partei oder zumindest bei denen, die in ihr etwas zu sagen hatten, »im Verschiss«, zuvorderst beim allmächtigen Franz Josef Strauß. Ein weiblicher Politiker galt im krachledernen Bayern seinerzeit als Fremdkörper wie ein Sektglas unter Maßkrügen. Diese Politikerin befremdete außerdem, weil sie weder ein Mannsbild noch

Kinder aufzuweisen hatte. Stattdessen hatte sie studiert, und auch noch Politologie und Soziologie, »Fächer, die nur Linke machten«. Hinzu kam, dass Ursula Männle beharrlich jene Unterwerfungsgesten verweigerte, die mann eigentlich erwartet, wenn er so gnädig ist, einem Weib einen Platz am Stammtisch einzuräumen.

Männle hingegen riss das Maul auf. Schon 1969, nach fünf Jahren Parteimitgliedschaft, stellt sie zu studentenbewegten Zeiten den unverschämten Antrag, Kultusminister Ludwig Huber, der gleichzeitig Fraktionsvorsitzender ist, solle eins seiner zwei Ämter abgeben. Und als man ihr die Qualifikation für die Familienpolitik abspricht, weil sie nicht verheiratet sei, entgegnet sie: »Ein Justizminister muss auch nicht im Knast gesessen haben!« Aber das Allerschlimmste: Ursula Männle machte nie ein Hehl daraus, dass sie fand, dass im Verhältnis zwischen Männern und Frauen etwas nicht stimmte. Und dass sie vorhatte, das zu ändern. Auch und gerade in der CSU. 1980 wird sie wieder Nachrückerin sein.

Ihre erste Rede im Bundestag hielt sie zum Thema Erziehungsgeld. Die damals 36-Jährige wusste, dass dieses Mandat nach allem, was passiert war, »die große Chance« war. Sie war eigentlich davon ausgegangen, dass ihre politische Karriere zu Ende sei, und hatte sich »voll auf meine berufliche Karriere geworfen«. Nun aber stand sie am Rednerpult und dachte: »Jetzt zeig ich euch, dass ich's kann.« Sie hatte ein knallrotes (!) Kleid angezogen, weil sie wusste, dass das Fernsehen ihre Rede übertragen würde. Und sie hatte volle 20 Minuten zur besten Sendezeit. Die Süddeutsche Zeitung meldete am nächsten Tag auf Seite 1: Die »Abgeordnete mit dem roten Kleid« habe ihre Rede »witzig und selbstbewusst« gehalten. »Diese erste Rede hat mir gleich eine gewisse Bekanntheit verschafft.«

In den folgenden neun Monaten sorgte die CSU-Feministin dafür, dass das bis zu den nächsten Wahlen so blieb. Zum Beispiel beim »Arbeitsrechtlichen EG-Anpassungsgesetz«. Es ging darum, dass Frauen in Stellenanzeigen und bei Bewerbungen nicht länger diskriminiert werden dürfen. Brüssel hatte Vorgaben gemacht, die jetzt in Bundesrecht umgesetzt werden sollten. »Meine Fraktion war natürlich total dagegen.« Der Wirtschaftsflügel um Heimo George prophezeite eine Klageflut. »Mit dem hab ich mich dermaßen gefetzt. Des ging doch gegen die Frauen!« Männle machte sich daran, unermüdlich Überzeugungsarbeit zu leisten, und erreichte schließlich, dass die Union – bis auf den Wirtschaftsflügel – zustimmte. »Das hat mich stolz gemacht.« Nur Heimo George, »der hat mir das nie verziehen«.

Eigentlich hatte die Abgeordnete ihr ungewolltes Mandat vor allem aus Trotz angetreten. »Aber dann hab ich Blut geleckt. Zu sehen, dass du was erreichen kannst, wenn du dranbleibst und Mund-zu-Mund-Beatmung machst.« Über politische Willensbildungsprozesse hatte sie an der FH gelehrt und ein Buch veröffentlicht. »Jetzt die Praxis zu sehen, war eine tolle Erfahrung. Wo sind die Schräubchen, an denen man drehen kann? Wie kann man was ausrichten?«

Männle drehte immer wieder, »vor allem bei den sexuellen Geschichten«. Dass die zehnjährige Verjährungsfrist von sexuellem Missbrauch erst ab dem 18. Lebensjahr des Opfers gezählt wird, geht mit auf ihr Konto. Ihre Fraktion war »mal wieder aus Prinzip dagegen« gewesen. Diesmal begann sie mit ihrer Mund-zu-Mund-Beatmung bei den Abgeordneten aus dem Osten, »weil die noch nicht so auf Parteilinie waren«.

Wenn es um Frauenfragen geht, schreckt Männle auch vor

Kollaboration mit dem Feind nicht zurück: Scheingefechte mit Renate Schmidt (SPD) gehörten in den 1990ern zum festen strategischen Repertoire. »Muss ich dich mal wieder beschimpfen, damit wir was durchkriegen?«, fragte die Sozialdemokratin bei einem ihrer geheimen »Frauenfrühstücke« dann. Männle triumphierend: »Die Kollegen haben nie gemerkt, dass wir unter einer Decke steckten.«

Das eigenständige Aufenthaltsrecht für ausländische Ehefrauen, das Gleichberechtigungsgesetz – Männle, die zehn Jahre lang die Frauenunion leitete, war immer mit von der Partie. Aber erst als Stoiber sie 1994 aus Bonn wieder abberief, um sie zur bayerischen Staatsministerin für Bundesangelegenheiten zu machen, hieß es: »Jetzt machst du endlich mal was Gscheites!« Vier Jahre später wird Stoiber sie »fallen lassen wie eine heiße Kartoffel«. Die Geschasste ist schwer verletzt, macht aber trotzdem weiter.

Trotz war immer ein entscheidender Motivator in Männles Leben. »Wenn jemand gesagt hat: ›Das geht nicht!‹, hab ich's erst recht gemacht.« So trat Ursula schon als Schülerin in die CSU ein, weil ihre Deutschlehrerin am Mädchengymnasium, Schwester Columba, behauptet hatte, Politik sei »unweiblich«. Ursulas Interesse kam daher, dass ihre Eltern zwar nie parteipolitisch organisiert gewesen waren, dafür aber zu jenen Katholiken gehörten, die ihr Glaube im Nationalsozialismus von der Mitläuferschaft abgehalten hatte. Die Mutter nicht im BDM, der Vater nicht in der HJ und später sogar einmal in »Schutzhaft«. Noch Jahre nach Kriegsende »spielte die Bewältigung des Dritten Reiches bei uns zu Hause eine große Rolle«, erinnert sich Ursula Männle. »Die Botschaft ›So was darf nie wieder passieren, man muss sich einmischen!‹ hat mich sehr geprägt.«

Auch den Lernwillen seiner beiden Töchter fördert der Vater. Nicht sofort, denn zunächst leidet er darunter, dass der ersehnte Stammhalter, für den schon eine Eisenbahn bereitsteht, ausbleibt. »Aber als er sich damit abgefunden hatte, hatte er auch Ehrgeiz für uns.« Der Schreiner, Sohn einer Putzfrau, hätte selbst gern mehr gelernt. Die Mutter hatte das Lyzeum besucht und in einer katholischen Buchhandlung gearbeitet, die sie verlassen musste, als sie heiratete. Später, als der Vater arbeitslos wird, bringt sie die Familie als Sekretärin durch.

Abiturientin Ursula geht zu den Christsozialen, weil man das in Bayern in den 1950er-Jahren eben so macht. Sie wird Mitglied im Ring Christlich Demokratischer Studenten (RCDS) und rasch dessen Vorsitzende. In der Jungen Union langt es nur zur Stellvertreterin, außerdem werden »die Kandidatinnen gegeneinander gehetzt«. Der Frauenanteil in der Partei liegt bei acht Prozent. »Die Frauen waren nicht sehr solidarisch und sehr angepasst, weil immer nur wenige Positionen für sie reserviert waren. Heute, wo's mehr Positionen gibt, können sie sich viel besser gegenseitig fördern. Damals haben sie halt geschaut, dass ja kei andere reinkommt.«

Fehlende Frauensolidarität ist es auch, die Männle 1998 fast endgültig aus der Bahn wirft. Nicht nur, dass Stoiber ihr Ministerium auflöst und der Staatskanzlei einverleibt. Die profilierteste Frauenpolitikerin der CSU kommt nicht einmal mehr in den Landtag. Nicht nur der mal wieder demütigend schlechte Listenplatz ist daran schuld. Denn das bayerische Prinzip der »offenen Liste« hätte es ermöglicht, sie mit der Zweitstimme nach vorne zu »häufeln«, auf die vorderen Listenplätze springen zu lassen. Die engagierte Frauenpolitikerin Männle schafft es nicht. »Das war für mich die große Niederlage. Vor allem, weil ich wusste: Das hab ich auch den Frauen zu verdanken, für die ich mich immer ...« Bestimmte Sätze lässt Männle, deren Erzähltempo ansonsten eher rasend ist, unvollendet. Dieser gehört dazu. Oder auch: »Ich bin im Bund nix geworden, weil der Waigel ...« Oder: »Ich war keine Stoiber-Frau, dafür war ich viel zu ...«

Männle bewirbt sich um eine Professur in den GUS-Ländern. Sie will nur noch ganz weit weg. Dann passiert es: Ein SPD-Landrat aus Altötting tritt zurück, ein CSUler muss ihn ersetzen, das Karussell setzt sich in Gang und – Männle kann wieder mal nachrücken. Sie tut es. »Ich hatte mich eigentlich schon verabschiedet«, sagt sie. »Aber ich bin auch rachsüchtig.« Da ist er wieder, der Männle'sche Trotz. »Sie, es war für mich ein seelisches Fußbad, dem Stoiber gegenüberzusitzen, den anzugrinsen und zu sagen: Ich bin wieder da!«

2008 wollte sie eigentlich endgültig aufhören. Die 64-Jährige hatte sich ein Büro in ihr Haus einbauen lassen und eine Nachfolgerin aufgebaut. Aber die erkrankte ernsthaft und fiel aus. Nur ein »zweitklassiger Mann« war in Sicht. Und so ist Ursula Männle doch noch einmal in den Wahlkampf gezogen – und hat ihren Wahlkreis am 28. September 2008 im Direktmandat geholt.

Manchmal macht sie sich Sorgen, dass die jungen Frauen die heutigen Errungenschaften zu selbstverständlich nehmen. »Es gibt doch diesen Spruch: ›Was du erbst von deinen Vätern, erwirb es, um es zu besitzen.‹ Was du erbst von deinen Müttern ...« Diesmal spricht sie den Satz zu Ende. »... gell, das musste bewahren. Da musst weitermachen, damit es fest ist.« Ursula Männle weiß, wie hart das Erbe erkämpft ist.

CHANTAL LOUIS

1996: »Mit uns zieht die neue Zeit.« – Nahles beim Sozi-Jugendfestival.

»Wir Nahles' buckeln vor niemandem. Herr Weihbischof, das genügt.«

2008: Die Parteilinke und Paradefrau – strahlend in die Zukunft.

Andrea Nahles/SPD
Stellv. Parteivorsitzende

Du bringst Unruhe ins Dorf, finden ihre Eltern, als die 18-Jährige mit ihren Freunden die Neuzeit anbrechen lässt. Dass es nur eine Kirche gibt, die katholische, mag ja in Ordnung sein, aber zwei Parteien dürfen es schon sein. Wir schreiben das Jahr 1989. Andrea Nahles gründet einen SPD-Ortsverein in Weiler, in der Eifel, wo sie geboren und aufgewachsen ist. Bisher kennt man dort nur die CDU, und in den Gemeinderat wählt man nicht eine Partei, sondern Namen, Nachbarn, die man kennt. Weil die Parteigründung eine Riesenwelle auslöst im Dorf, sitzt Nahles schon wenig später, nach der Kommunalwahl, im Gemeinderat. Wie viele Wählerinnen oder Wähler sich für ihren Namen entschieden haben, weiß sie nicht mehr: »Es gab so drei, vier Familien, die haben wohl für mich gestimmt.«

Der Gemeinderat trifft sich im Haus des Bürgermeisters, schräg gegenüber von Andreas Elternhaus. Sie ist die einzige Frau, die einzige Sozialdemokratin und natürlich die Jüngste. Man muss sich einstellen auf die neue Zeit. Deshalb lässt der Bürgermeister bei der ersten Sitzung die Stuppis verschwinden, gewissermaßen aus Pietät gegenüber der jungen Frau. Stuppis sind »gestuppte«, also kleine Bierflaschen, bauchig und gedrungen, die gibt es nicht in Berlin im Laden, sondern nur in dieser Region. Für Andrea Nahles, die Erneuererin, eine schöne Gelegenheit, sich in die Tradition zu stellen. Bei der nächsten Ratssitzung ist mit ihrem ausdrücklichen Einverständnis die alte Ordnung hergestellt: Die Stuppis sind wieder zugelassen.

Nahles' Verhältnis zu den Eltern, zur Herkunft, zur Heimat in der Eifel, ist eng. Sie lebt heute auf dem Bauernhof, der schon ihren Urgroßeltern gehörte. Es sei schon »die Lust an der Provokation« gewesen, das dringende Bedürfnis nach »einem anderen

Wind«, der sie und ihre Freunde damals angetrieben hat. Alle, bis auf eine Freundin, hatten Probleme und Ärger zu Hause. Der Vater ihrer Mutter, der geliebte Opa, ist Mitglied der NSDAP gewesen, eine Entscheidung, die er bereut und aus der er den Schluss zieht: Man soll nicht in eine Partei gehen. Er sagt es der Enkelin in aller Deutlichkeit, bevor sie den Ortsverein gründet: »Aber danach hat er mich gewähren lassen.«

Auf die SPD ist sie gekommen durch einen Geschichtslehrer in der Realschule, der Sozialdemokrat ist und die junge Nahles mit einem großen Dokument aus der Geschichte der SPD beeindruckt: der Reichstagsrede von Otto Wels gegen das Ermächtigungsgesetz. SPD passt aber auch zu dem, was das Elternhaus ihr mitgibt. Man kümmert sich, und nicht nur um sich selbst. »Verantwortungskultur« nennt Nahles die Haltung ihrer Eltern. Und dort herrscht »Arbeiterstolz«. Der zeigt sich, als der Besuch des Weihbischofs in Weiler bevorsteht. Obermessdienerin Andrea darf ihn begrüßen, der Küster schreibt auf einen Zettel, was sie sagen soll. »Hochwürdigste Exzellenz? Das sagst du auf keinen Fall«, sagt ihr Vater, der Maurermeister, als er die Anrede liest: »Wir buckeln vor niemandem. Lieber Herr Weihbischof, das ist vollkommen ausreichend.« So geschieht es.

Sechs Jahre nach der SPD-Gründung in Weiler wird Nahles Juso-Chefin. Sie studiert in Bonn Politik, Philosophie und Germanistik. »Keine Marxologin«, kommentiert die Frankfurter Allgemeine. Nahles, die später als »Parteilinke« von sich reden machen wird, fügt sich nicht ein in die üblichen Strömungsraster und Flügelkämpfe bei den Jusos. Ihr Markenzeichen ist der wilde Lockenkopf, das laute Lachen. Sie trägt kein Anti-AKW-Abzeichen, sondern das Dreieck der »Trekkis« und besucht

Star-Trek-Conventions als »Deanna Troy«, die psychologische Beraterin. Und sie bekennt sich zum Genuss von Kinderschokolade.

Die junge Politikerin ist direkt; sie findet in der Politik einen Spaß, der in ihrer Generation nicht verbreitet ist. Sie steht zu den Anteilen von Politik, von denen manche Politiker verdruckst schweigen: Kampfansagen, Deals, Kompromisse. Ihr Aufstieg in der SPD ist rasant: Seit 1997 sitzt sie im Parteivorstand, seit 2003 im Präsidium, im Oktober wird sie, neben Frank Walter Steinmeier und Peer Steinbrück, stellvertretende Parteivorsitzende. Parteichef ist da noch ihr Landsmann, Kurt Beck. Gradlinig ist diese Laufbahn aber nicht. Eine persönliche Enttäuschung wird Oskar Lafontaine, der 1999 den SPD-Vorsitz ohne Erklärung hinwirft. »Ein unverzeihlicher Fehler«, urteilt Nahles über das Verhalten des Mannes, der ihr Vorbild und politischer Ziehvater war. Als er die SPD verlässt und die neue »Linke« anführt, macht er sich in ihren Augen schuldig – der Spaltung der Arbeiterbewegung.

2002 verfehlt Nahles die Wiederwahl in den Bundestag um knapp 800 Stimmen. Eine persönliche Niederlage, drei Tage quält sie sich tief deprimiert mit Ausstiegsgedanken – und wird bitter belehrt, dass es viel Schlimmeres gibt: In ihrer nächsten Umgebung wird ein Mensch schwer krank. Der Nicht-Einzug in den Bundestag wird zu einer Nebensache. Nahles findet einen Job im Berliner Verbindungsbüro der IG Metall. Rückblickend findet sie es nützlich, dass sie einmal nicht als Chefin arbeitet. Sie wird von SPD-Chef Franz Müntefering beauftragt, für die SPD das Konzept der Bürgerversicherung auszuarbeiten. Das fällt in die Zeit der umstrittenen Agenda-Reformen von Bundeskanzler Gerhard Schröder, die Nahles als Exponentin der SPD-Linken kritisch sieht. Dafür wird sie bundesweit bekannt und zu einer Hoffnung der SPD.

Im Wahljahr 2005 wird sie 35 Jahre, auf SPD-Veranstaltungen oder Juso-Versammlungen richten sich die Kameras auf die Hoffnungsträgerin Nahles. Es ist, als sei sie um einen Kopf gewachsen. Es ist das Jahr, in dem die SPD die Wahlen in Nordrhein-Westfalen verliert und Schröder eine vorzeitige Neuwahl des Bundestags auf die Tagesordnung setzt. Das Ergebnis: die Große Koalition. Über die wird gerade verhandelt, als sich im November 2005 in der SPD eine dramatische Wendung anbahnt. Als Müntefering, der als Vizekanzler in die Bundesregierung gehen wird, seinen engen Vertrauten Kajo Wasserhövel zum SPD-Generalsekretär machen will, tritt Nahles als Gegenkandidatin an – und setzt sich im Parteivorstand durch. Müntefering tritt als SPD-Chef zurück. Ein Erdbeben.

23 Mitglieder haben im Parteivorstand für Nahles votiert, die Öffentlichkeit hat gewissermaßen täglich mitgezählt, ob sich in der Parteispitze genügend Leute finden, die nach Schröders Reformen der SPD mehr Spielraum gegenüber der Regierung geben wollen. Nach Münteferings Rücktritt verwandelt sich diese Gruppe in der öffentlichen Wahrnehmung in eine unzurechnungsfähige Meute: Intriganten und oppositionsverliebte Frondeure. Die Rechnung zahlt allein Nahles. Der rechte »Seeheimer«-Flügel der SPD fordert von ihr den Rückzug für zwei Jahre. Der Vorgang wird zum exemplarischen Beispiel dafür, dass auf Politikerinnen auch im Jahr 2005 noch mit Waffen aus dem Arsenal des letzten Jahrhunderts eingeschlagen werden darf.

»Münte-Mörderin«, giftet Kolumnist Franz Josef Wagner in der Bild, »natürlich haben Sie danach nicht geweint.« Der Boulevard-Journalist erklärt die Krise der SPD damit, dass sie zu viele starke Frauen habe. »Zuerst trugen die Quasselstrippen kleine Siege davon, Kindersorgerecht, Vaterrecht, Frauenquote. Jetzt stürzen sie Deutschland in die größte Krise.«

Über Nahles schreibt er: »Frau Nahles ist 35, unverheiratet, Literaturwissenschaftlerin. Stellen wir uns einen ahnungslosen Mann vor, der sich in Frau Nahles verliebt. Entweder wird er von ihren Schraubstockhänden erdrückt, totgequasselt von ihren Freundinnen – oder er macht ein Kätzchen aus ihr.« Die Kolumne endet mit den Worten: »Frau Nahles braucht einen Mann.« Wozu am Rande zu bemerken wäre: Es ist zu der Zeit allgemein bekannt, dass Nahles einen hat. Sie lebt zusammen mit VW-Personalvorstand Horst Neumann, das Paar trennt sich zwei Jahre später.

Der öffentliche Sturm ist jedoch leichter zu bestehen als der innerparteiliche. Der nächste SPD-Generalsekretär wird Hubertus Heil heißen, der Nahles im Parteivorstand unterstützt hat. Sie wird nicht, wie eigentlich vorgesehen, stellvertretende Fraktionsvorsitzende für den Bereich Arbeit und Soziales werden. Aber der designierte Nachfolger, Matthias Platzeck, schlägt dem Parteivorstand Nahles als seine Stellvertreterin vor. Die ahnt, was von ihr erwartet wird, und bittet um eine Unterbrechung der Sitzung. Sie weiß, dass viele im Parteivorstand eine Entschuldigung als Voraussetzung für den Vize-Posten verlangen. Sie sagt Platzeck, dass sie nicht zur Verfügung steht. Sie handelt »in einer katastrophalen Situation« instinktiv. Sie spürt: Kein Ratschlag, keine kühle Kalkulation kann ihr jetzt helfen. Es gibt nur eine einzige Chance: Du musst aus dir selbst heraus richtig handeln.

Nahles bittet im Parteivorstand um das Wort und erklärt, dass sie sich nicht für etwas entschuldigen kann, das keiner Entschuldigung bedarf. Ihre Kandidatur habe sie offen betrieben, sie werde nicht antreten als SPD-Vize. Tatsächlich haben auch andere einen Warnschuss, eine Rücktrittsdrohung von Müntefering nicht gehört. Der zurückgetretene Parteichef spricht ihr seinen Respekt aus. Die Sitzung wird wieder unterbrochen. Eine andere, Elke Ferner, wird stellvertretende SPD-Vorsitzende. Nahles wird – zunächst einmal – nichts. Als sie am Ende einer grauenvollen Woche – »ohne Gefühl, ich wusste nicht, wo ich stand« – nach Hause kommt, umarmen die Eltern sie. »Ich bin froh, dass du da so grade durchgegangen bist«, sagt der Vater.

Im September 2008 sitzt Andrea Nahles in ihrem Bundestagsbüro, sie hat in drei Nächten sechs Stunden geschlafen. Denn wieder hat in der SPD ein Erdbeben stattgefunden. SPD-Chef Kurt Beck ist am Sonntag zurückgetreten, Müntefering wird zurückkehren. Unter Beck ist die Anführerin der SPD-Linken zeitweise zur »heimlichen Vorsitzenden« hochgeschrieben worden. Die Bundeskanzlerin selbst hat in den Chaostagen der SPD öffentlich ironisch angemerkt, sie müsse wohl Andrea Nahles anrufen, um mit der SPD etwas abzusprechen. Die ist zu klug und zu geerdet, um sich in die Versuchung der Selbstüberschätzung bringen zu lassen. Sie bedauert den Abgang von Beck und versichert Müntefering, der zur 100-Jahr-Feier ins rheinland-pfälzische Sinzig kommt: »Du hast meine Stimme als zukünftiger Parteivorsitzender.«

Die einzige Frau im Gemeinderat von Weiler ist zurzeit übrigens Frau Nahles, Andreas Mutter.

TISSY BRUNS

Die Einsteigerin: Erst mal Bäume pflanzen für die Zukunft der PDS.

»Ich will mich kümmern. Denn, so heißt es ja: Einer trage des anderen Last.«

Die Vizepräsidentin des Deutschen Bundestages mit Gysi.

Petra Pau/Die Linke Bundestags-Vizepräsidentin

Die Zeit rast, als es im Frühjahr 1990 bei Petra Pau klingelt. Du hast doch Ahnung von Schule, wir suchen junge Leute, die für die Bezirksverordnetenversammlung kandidieren, hast du nicht Lust? Vor Paus Tür stehen die Genossen von der PDS in Berlin-Hellersdorf, darunter der spätere Bezirksbürgermeister, Uwe Klett. Man kennt sich, weil Petra Pau, Lehrerin, Pionierleiterin, 26 Jahre alt, sich vor Ort kümmert, irgendwie. Die sozialistische Großbaustelle Hellersdorf ist noch nicht fertig, aber die DDR hat sich erledigt. Die Dächer sind noch nicht auf allen Häusern, doch die Bauarbeiter ziehen ab. Pau engagiert sich in Hellersdorf in einer Spielplatzinitiative und wickelt gleichzeitig Unter den Linden, im FDJ-Zentralrat, die »Pioniere«, die Kinderorganisation der DDR, ab.

Petra Pau sagt Ja zu ihrem ersten Mandat. Sie wird ehrenamtliche Bezirksabgeordnete. »Das Gebilde hieß noch DDR, ich wusste aber, es geht auf die Einheit zu, und wollte nicht nur einfach irgendwo hingestellt werden.« 16 Jahre später, 2006, wird sie Vizepräsidentin des Deutschen Bundestags. Viel höher kann man es nicht bringen als Repräsentantin der bundesdeutschen Demokratie.

Sommersprossen, rote Haare, nettes Lachen, Glamourfaktor null. Pau passt zur PDS. Denkt man. Auffällig wird sie aber schon, als sie im Januar 1990 zur PDS-Kreisleitung in Hellersdorf geht und Parteimitglied werden will. »Da sahen mich einige merkwürdig an: Du bist doch SED-Mitglied gewesen, also bist du doch automatisch in der PDS.« Pau aber wollte bewusst eine Zäsur setzen, neues Programm, neuer Name, neue Erkenntnisse.

In die SED ist die damals 20-Jährige 1983 eingetreten. Ausgezeichneter Schulabschluss und Studium – Aufstieg und Chance für die Tochter eines Vaters, der als Maurer an der Stalinallee mitgebaut hat, und einer Mutter, die Kathoden für Fernsehelektroden am Band schweißt. Petra ist dankbar, dass dieser Staat ihr solche Türen öffnet – aber macht sich schon mal lustig über die 150-Prozentigen, die Fahnenappelle schon im Kindergarten abhalten wollten. Als politischer Funktionär – immer die männliche Form! – war man eben im Auftrag der Partei unterwegs, auch wenn man sich nicht als glühender Sozialist oder Kommunist verstand.

Pau sagt, dass es nicht Verdienst, sondern Glück war, das sie vor schlimmeren Verstrickungen bewahrt hat. Nachträglich erst ist ihr klar geworden, dass eine Freundin aus Leipzig 1989 bei ihr ausloten wollte, ob sie als Kontakt oder Verbindung zu den Oppositionellen tauge – damals verstand sie die Botschaft nicht. Nachträglich erst hat sie erfahren, dass zu den Eltern, deren Kinder sie in den letzten Jahren der DDR in Obhut hatte, auch ausgewiesene Dissidenten und Regimekritiker gehört haben. Die Pionierleiterin Pau hat sich mit diesen Eltern gut verstanden.

Diese Offenheit verdankt sie unter anderem einem Zwiespalt im Elternhaus. Als Petra zur Schule kommt, ist es selbstverständlich, dass sie zu den Pionieren geht.

Doch anders als der Vater will die Mutter, dass ihr Kind in die Christenlehre geht und konfirmiert wird. »Einer trage des anderen Last« – das Bibelwort findet sich heute auf aktuellen Pau-Plakaten und Faltblättern. Für sie ist es auch Ausdruck des Solidaritätsgedankens der Arbeiterbewegung. Das Motto trägt sie. Vielleicht bewahrt es die Jugendliche und junge Erwachsene, die sich mit der DDR identifiziert, vor den Versuchungen der Funktionärslaufbahn. Pau zählt zu denen, deren erstes Motiv lautet: Man muss sich kümmern.

Für ihre politische Laufbahn sind späte Geburt und der Mangel an Verstrickung natürlich kein Nachteil. Der Typus Pau scheint allerdings nur zweitrangig zu sein neben den großen Zampanos, die der PDS durch schillernde Auftritte zu Ruhm und Stimmen verhelfen wollen. Allen voran Gregor Gysi, der ewig verfolgte Linke, mit dem sich viele der abgewickelten DDR-Bürger identifizieren können. Und er hebt deren Selbstbewusstsein, wenn er in Talkshows die Schattenseiten der Marktwirtschaft geißelt.

Petra Pau ist umgeben von Männern, die auf je eigene Art von ihrer Wichtigkeit durchdrungen sind und den großen Auftritt lieben. Gysi, Lothar Bisky und André Brie. Und seit die PDS zur neuen »Linken« geworden ist, auch noch Oskar Lafontaine. Die Herren verbreiten nicht nur Glanz, sondern werfen auch Schatten. 1992 sucht der Berliner PDS-Landesverband händeringend nach einem Nachfolger für André Brie, der wegen seiner Stasi-Vergangenheit nicht mehr zu halten ist. Der Ehemann von Petra Pau erfährt aus dem Radio, dass seine Frau als Landesvorsitzende nach Hause kommen wird.

Ihre Arbeit wird von den männlichen Küchenkabinetten argwöhnisch begleitet, zugetraut hat es ihr niemand. Doch Pau, die als Trümmerfrau gerufen wurde, kann mit Erfolgen aufwarten. Bei der Berliner Wahl 1995 wird die PDS stärkste Kraft in Ostberlin und drittstärkste in der gesamten Stadt. Die ganze Republik diskutiert sich über das Phänomen PDS die Köpfe heiß. Die Berliner PDS unterzieht sich den Mühen der Basis: konzeptionelle Arbeit für die Stadt, Nahverkehr, öffentlicher Dienst.

Wer in der Hauptstadt zählen will, sagt Pau, der muss sich klarmachen, dass in Berlin zwei Drittel der Wähler Westberliner sind, mit der Erfahrung des Eingeschlossenseins und der Mauer. Das zwingt zur Auseinandersetzung mit der eigenen Geschichte und Vergangenheit.

Petra Pau lässt sich auf einen ungewöhnlichen Dialog ein. Elmar Pieroth, CDU-Finanzsenator, setzt sich mit Pau auf die rote Couch, Erich Böhme moderiert den Streit zwischen PDS und CDU um das richtige Programm für Berlin. Verstimmung auf beiden Seiten, »auch in meinem Laden«, sagt Pau. Denn es sei ja immer einfacher, sich hinter seinen Vorurteilen und in seiner eigenen Nische zu verschanzen.

Mut ist also auch innerparteilich geboten. Denn als potenzieller Spitzenkandidat für die Berlin-Wahl 1995 sieht sich Hans Modrow, der in den späten 1980er-Jahren als Kurzfrist-Hoffnungsträger der SED eine Art Heiligenstatus bei den alten PDS-Genossen genießt. Gut finden diese Idee auch Gysi, Bisky, Brie. Jedenfalls offiziell, während ihnen inoffiziell völlig klar ist, dass ein Spitzenkandidat Modrow ein Rückfall hinter alle Erneuerungserfolge der letzten Jahre wäre. Wer aber muss Hans Modrow ins Gesicht sagen, dass es nicht mehr seine Zeit ist, als die große Aussprache schließlich stattfindet? Pau nimmt es auf ihre Kappe – und steht damit unter immensem Erfolgszwang.

Der Erfolg kommt und mit ihm die Talkshow. Die völlig unerfahrene Petra Pau sitzt mit Krista Sager von den Grünen und Michael Glos, CSU, in Frankfurt im Fernsehtalk. PDS-Politiker sind damals für einen Christsozialen schlicht rot lackierte Faschisten. Glos teilt aus an Pau und an ihre Eltern gleich mit. »Ich wusste nicht, wie mir geschah«, sagt Pau. Als sie nach der Sendung ins Hotel fährt, taucht plötzlich Glos auf. Er findet, das habe sie »doch ganz hübsch« gemacht. Ob man nicht noch ein Glas Wein zusammen trinken wolle?

1998 haben die großen Zampanos der PDS wieder mal eine glänzende Idee. In Berlin-Mitte/Prenzlauer Berg ist der Wahlkreis vakant, den 1994 der berühmte Schriftsteller Stefan Heym als parteiloser Direktkandidat für die PDS gewonnen hatte. Was kann man auf einen solchen Kandidaten noch draufsetzen? Man präsentiert einen Ex-Admiral, Elmar Schmähling, bekannt aus der westdeutschen Friedensbewegung. Übersehen wird allerdings, dass Schmähling gerade in eine juristische Auseinandersetzung um einen betrügerischen Konkurs verwickelt ist. »Eine Woche später war er zurückgezogen, der Admiral«, sagt Pau.

Bisky lenkt ein: Die Berliner sollen ihre Kandidatin haben. Petra Pau muss mal wieder ran. Die steht nun unter einem extremen Druck. Denn in ihrem Wahlkreis kandidieren: für die Grünen Marianne Birthler, für die CDU Günter Nooke, für die SPD Wolfgang Thierse. PDS-Wahlkampfleiter André Brie gibt den Wahlkreis in einem Stern-Interview schon mal vorsorglich verloren. Am Wahlabend zeichnet sich früh der Triumph für die PDS ab: über fünf Prozent, erstmals in Fraktionsstärke im Bundestag. Für Pau wird es eine Zitterpartie. Den ganzen Abend sieht es so aus, als habe Thierse das Direktmandat geholt. Am Ende hat Pau gut 260 Stimmen Vorsprung. Als sich der Bundestag konstituiert, ruft Gerhard Schröder quer durch den ganzen Plenarsaal: »Sie haben doch den Thierse geschlagen, wie haben Sie denn das gemacht?«

Vier Jahre später, 2002, beginnen die Jahre, die Pau bundesweit bekannt machen. Nach einer schweren Niederlage für ihre Partei sitzen die beiden direkt gewählten Bundestagsabgeordneten Petra Pau und Gesine Lötzsch isoliert auf zwei einsamen Stühlen im Bundestag, ohne Tisch und Telefon, abgetrennt von den Sitzreihen im Plenarsaal. Wenn die eine zum Rednerpult geht, klatscht die andere und sonst niemand. »Unsere besten Öffentlichkeitsarbeiter waren die Kameras, die sich auf diese beiden Stühle da hinten gerichtet haben«, erinnert sich Pau. Nach einigen Monaten wird sie auf Reisen in Hamburg, München oder Frankfurt angesprochen: Sie sind doch die ohne Tisch? Erst viel später wird ein Tisch aufgestellt. Der kleinliche Umgang des Bundestags mit den beiden PDS-Abgeordneten bleibt ein Dauerthema.

Nach der vorgezogenen Neuwahl 2005 kehrt die PDS, nunmehr Die Linke, in den Bundestag zurück. Schon lange vorher sind die Posten verteilt worden, in informellen Absprachen zwischen Gysi, Bisky und Lafontaine. Bisky soll ins Präsidium. Er scheitert in vier Wahlgängen. Zu viele Abgeordnete der anderen Parteien verweigern die eigentlich selbstverständliche Zustimmung zum Kandidaten der Linken. Denn Bisky ist, was für einen Bundestags-Vize eben nicht normal ist, Parteichef der Linken. Der Platz im Präsidium bleibt leer.

Monate später ist es Bisky, der Petra Pau anruft und fragt, ob sie nicht kandidieren wolle. Pau, die ihre Ambitionen auf ihren Arbeitsbereich der Innen- und Bürgerrechtsfragen gerichtet hat, geht in sich, bevor sie Gysi und Lafontaine anruft und mitteilt: Ich mache es. Als die Bundestagsvizepräsidentin an einer internationalen Antisemitismuskonferenz in Jerusalem teilnimmt, sagt Petra Pau: »Jetzt spüre ich die Verantwortung, das Gewicht des Mandats noch einmal ganz anders.«

TISSY BRUNS

Petra Martin: Nach Frankfurt der Liebe wegen.

»Meine 68er hatten sich eher in meinem Privatleben vollzogen.«

Die Oberbürgermeisterin 2007: Mit 60 Prozent der Stimmen gewählt.

Petra Roth/CDU
Oberbürgermeisterin

Am Abend des 21. März 1977 musste Petra Roth eine schwierige Entscheidung treffen. Es waren Kommunalwahlen in Hessen. Roth saß gemeinsam mit Ehemann Erwin, den Eltern aus Bremen und dem CDU-Ortsvorsitzenden vor dem Fernseher und wartete gespannt auf die ersten Hochrechnungen. Zwar hatte sie zum ersten Mal als Stadtverordnete kandidiert, aber man hatte die 33-jährige Hausfrau aus Nieder-Eschbach auf Platz 47 der Liste gesetzt. Hoffnungslos also. Im traditionell roten Frankfurt regierte seit Kriegsende die SPD mit über 50 Prozent.

Dann: 18 Uhr. Die erste Hochrechnung. Wahnsinn! Die CDU ist stärkste Partei! Und Petra Roth in der Stadtverordnetenversammlung.

»Frau Roth«, sagt der Ortsvorsitzende, »wir fahren jetzt in den Römer!« Die frisch gewählte Stadtverordnete will gern, aber: Sohn André, dreieinhalb, protestiert lautstark. »Er hatte wohl schon gemerkt, dass ich ihm an diesem Abend nicht ganz zugewandt war, und quäkte jetzt«, erzählt die Frankfurter Oberbürgermeisterin. »Da war ich wirklich hin- und hergerissen. Gehst du jetzt oder bleibst du beim Kind?« Mutter Hannelore beschließt: »Du fährst jetzt dahin!« »Tja«, sagt Roth gut dreißig Jahre später, »so musste man sich bei der Entscheidung zwischen Beruf und Familie immer wieder emanzipieren.«

Es ist nicht das erste Mal, dass die Frau, die die fünftgrößte Stadt Deutschlands seit 14 Jahren regiert, hin- und hergerissen ist zwischen Konvention und Rebellion.

Als sie Mitte der 60er aus Bremen nach Frankfurt kommt, ist es nicht wegen Adorno und Habermas, nicht wegen Joschka und Dani und auch nicht wegen des Frankfurter Weiberrats. Die 20-jährige Petra kommt der Liebe wegen. Eigentlich hatte die

Arzthelferin ihr Abitur nachholen und Medizin studieren wollen. Aber ihr Verlobter, ein Korpsbruder des Vaters, den sie auf einem Ball der Studentenverbindung Sleswiga Holsatia kennengelernt hatte, hat einen Job als Vorstandsassistent in Frankfurt bekommen. Noch in Bremen wird geheiratet, dann zieht das Paar in die Mainmetropole.

Die junge Ehefrau, die nun weiter als Arzthelferin arbeitet, ist fasziniert von »Deutschlands kleinster Weltstadt«. Vor ihrem Laborfenster in der Sophienstraße ziehen die Demonstrationszüge vorbei. Petra geht nicht mit, aber sie stellt sich in die Kaufhof-Passage, weil »ich unbedingt mal einen Wasserwerfer aus der Nähe sehen wollte«.

Ihr 1968, sagt sie rückblickend, »hat sich eher in meinem Privatleben vollzogen«. Bekanntlich ist das Private ja politisch. Mit 23 lässt Petra sich scheiden. Es passiert ihr nicht genug in dieser Beziehung mit diesem sehr konventionellen Mann. »Ich konnte mir einfach nicht vorstellen, dass mein Leben die nächsten 50 Jahre so weitergeht.« Damals herrscht bei Scheidung noch das Schuldprinzip. Die junge Frau nimmt die Schuld auf sich und bezahlt die Gerichtskosten von ihrem Arzthelferinnengehalt.

Ihre Eltern sind alles andere als begeistert. Roth kommt aus einer »sehr ordentlichen und bekannten Kaufmannsfamilie«, und es macht sich gar nicht gut, auf die Fragen nach dem werten Befinden der Tochter deren Scheidung und alleiniges Verbleiben in Frankfurt bekannt geben zu müssen. Die 24-jährige Petra bleibt aus Liebe. Zu Frankfurt.

1969 bricht Petra Roth mit einer zweiten Familientradition: Sie wählt die SPD. Im Hause Martin, Roths Geburtsname, weht eher ein liberaler hanseatischer Geist. Der Großvater mütterlicherseits hatte als Gründer einer Wollfirma die Welt bereist, der andere Großvater plante als Wasserbau-Ingenieur die Berliner Museumsinsel, seine Frau arbeitete als Lehrerin. Die andere Großmutter, »Omi Änne«, bei der Petra als Kind viel Zeit verbringt, lässt ihre Tochter an einem »Nazifeiertag« nicht zur Schule und meldet sie, als es deshalb Ärger gibt, gleich ganz ab. Ihrer Enkelin, die außer mit ihrer Autosammlung am liebsten »Cowboy und Indianer« spielt, schenkt sie zum zehnten Geburtstag eine Lederhose.

Mit der Stimme von Petra Roth – und denen vieler anderer Frauen in diesen Zeiten des Aufbruchs und der Hoffnung – wird Willy Brandt 1972 Bundeskanzler. Doch es dauert nicht lange, bis sich bei ihr Enttäuschung breitmacht. »Der Aufbruch, den Willy Brandt vermittelt hatte – das kam alles nicht!« Dafür kommen nun Geißler, Biedenkopf und Barzel. »Die Adenauer-CDU war für mich nicht wählbar gewesen«, erklärt Roth. »Aber diese jungen Politiker fand ich frisch und kämpferisch.«

Dass sie ein paar Jahre später selbst in die Politik geht, hängt aber weniger mit den Visionen der Herren in Bonn zusammen, sondern eher mit den Problemen der Frauen in Nieder-Eschbach. Inzwischen hat Petra Roth ihren Tennispartner Erwin geheiratet, ihren Job an den Nagel gehängt und mit ihm ihren ersten Sohn bekommen. Plötzlich gibt es andere Probleme als Brandts Ostpolitik. »Mich interessierte, dass kein Zebrastreifen vor dem Kindergarten war.« Auf den Elternabenden, de facto Mütterabenden, kommen weitere Mängel im Stadtteil zum Vorschein. »Und ich fragte mich: Wie kann man das ändern?« Ein paar Wochen später sitzt Petra Roth im Nieder-Eschbacher Ortsbeirat.

Zum ersten, aber nicht zum letzten Mal hört sie dort den Spruch: »Die soll sich doch lieber um ihre Kinder kümmern, anstatt Politik zu machen!« Ihr Mann, Leiter der Tontechnik beim Hessischen Rundfunk, wird gefragt, warum er das eigentlich seiner Frau erlaube. Der erklärt, seine Frau sei ein selbstständiger Mensch und könne machen, was sie wolle.

Es sind aber nicht nur die konservativen Männer, die sie attackieren, sondern auch die modernen Frauen. Es wurmt Petra Roth bis heute, dass sie damals immer wieder für ihre Hausfrauenexistenz angegriffen wurde. »Heiße Debatten« habe sie geführt mit denen, die sie als »Nur-Hausfrau« beschimpften und befanden: »Lieber Strumpfhosenverkäuferin als Hausfrau!«

So verteidigt sich die inzwischen zweifache Mutter an zwei Fronten und nimmt gleichzeitig Anlauf auf den Römer. Sie lernt in vielen Wochenseminaren bei der Konrad-Adenauer-Stiftung »Betriebswirtschaftliche Abläufe in der Kommunalverwaltung« und »Vergleichende Gemeindeordnungen«.

Die Kinder nimmt sie mit und gibt sie in die Obhut der stiftungseigenen Kinderbetreuung. Drei Jahre später, »als ich dann wusste, was Kommunalpolitik ist«, erklärt sie ihren Parteifreunden vor Ort: »So, jetzt will ich Stadtverordnete werden!« Die Reaktion: eisiges Schweigen.

»Sie haben mir dann erklärt, das sei ja sehr schön, aber jetzt kämen erst mal welche auf die Liste, die schon länger dabei wären.« Roth sieht das anders und regelt die Sache über einen Tennispartner, der Bürgermeister ist und von der zupackenden Art und dem energischen Auftritt der jungen Frau sehr angetan. Der Ausgang ist bekannt: »Ich bin also direkt mit dem Mandat in den Römer reingerauscht. Und war dann: die jüngste Frau, die erste mit zwei kleinen Kindern, protestantisch und geschieden. Das war schon eine steile Karriere für die CDU.«

1987 geht Roth in den Landtag, 1992 wird sie Vorsitzende der Frankfurter CDU. »Männer sehen Roth!« lautet bald das geflügelte Wort, weil die Frau, die sich weder als Linke noch als Feministin versteht, dennoch in regelmäßigen Abständen aus der konservativen Linie ausschert, wenn »ich etwas richtig finde«. Sie ist noch heute stolz darauf, dass »wir nach Berlin das zweite Frauenhaus in Deutschland hatten«. Sie hatte bei ihren Hausbesuchen als Sozialbezirksvorsteherin die geprügelten Frauen kennengelernt, die aus Not bei ihren Männern blieben. Auf Geißlers berühmtem »Frauen-Parteitag« 1984 in Essen stellt sie den Antrag auf eine Frauenquote, der natürlich scheitert. Sie plädiert, als die Polizei die Drogenabhängigen vom Bahnhofsvorplatz durch die Stadt treibt, für Methadonprogramme und kontrollierte Heroinabgabe, was ihr einen Rüffel von der Bundes-CDU einbringt.

Dass sie eine Verlegenheitskandidatin war, als es 1993 um die Spitzenkandidatur ging, weiß sie selbst. In einer Metropole wie Frankfurt, wo Finanzwelt und Flughafen bundespolitische Bedeutung haben, ist es üblich, für die OB-Wahlen große Kaliber von außen zu holen. Aber es will keiner. Denn seit die CDU 1989 wieder auf 36 Prozent abgesackt ist, regiert Rot-Grün, die Aussichten auf eine Blamage sind groß. Es ist ausgerechnet Helmut Kohl, der mit einem Blick auf seine müden Mannen im Frankfurter Kreisverband, die gegen den smarten Andreas von Schoeler (SPD) und den lässigen Tom Koenigs (Grüne) reichlich blass daherkommen, beschließt: »Eine Frau, die ordentlich aussieht, das versuchen wir jetzt mal.«Petra Roth weiß schon seit ihrer Zeit als adrette Blondine im Ortsbeirat, dass gutes Aussehen für eine Politikerin Vorteil und Nachteil zugleich ist. Der Jurist und Ex-Staatssekretär von Schoeler setzt bei seinem Wahlkampf gegen die

Arzthelferin auf die Gleichung schön = doof und lanciert Slogans wie »Damit nicht nur im Waldstadion Profis spielen«. Vergebens.

Am 7. März 1993 wird die CDU im Römer stärkste Partei, wenn auch nur mit einem Vorsprung von gut einem Prozent. Aber noch kann der Schoeler im Amt bleiben. Erst als er zwei Jahre später wegen einer Personalie hinschmeißt, muss der OB neu gewählt werden, und zwar direkt. Diesmal gewinnt Petra Roth klar mit 52 zu 46 Prozent. Ihr 23 Jahre älterer Mann war ein Jahr zuvor verstorben. »Mit der ersten Frau im Amt des OB seit Bestehen der Magistratsverfassung von 1867 wird auch ein Stück Frauengeschichte für Frankfurt geschrieben«, erklärt das Stadtoberhaupt stolz. Seither wird immer offensichtlicher, dass die toughe Oberbürgermeisterin, die in deutschen Metropolen immer noch allein unter Männern regiert, bei den BürgerInnen beliebter ist als ihre Partei. Offenbar stehen die FrankfurterInnen auf den herben Charme ihrer Repräsentantin, die eine bekennende Pilstrinkerin in der Äppelwoi-Metropole ist und ihre Ansprachen stets im eleganten Kostüm absolviert, aber ohne den weiblichen Hang zum Dauerlächeln.

2001 legt Roth auf 53 Prozent zu, 2007 bekommt sie mit 60 Prozent fast die Zweidrittel-Mehrheit bei den WählerInnen. Und das, obwohl – oder weil – sie im Römer relativ friedlich und unspektakulär mit einer rot-grünen Koalition und, Seite an Seite mit der grünen Bürgermeisterin Jutta Ebeling, eine weibliche Doppelspitze führt. Bis Juli 2013 ist Petra Roth gewählt. Dann muss sie, so will es die Kommunalverfassung, aufhören. Die Verlegenheitskandidatin wird dann 18 Jahre im Amt gewesen sein.

CHANTAL LOUIS

1995: Eine Rheinländerin wird Bildungsministerin in Schwaben.

»Wir waren damals die kleinen Geschwister der großen 68er.«

2008: Dass die Intellektuelle als Merkel-Vertraute gilt, stört sie nicht.

Annette Schavan/CDU
Forschungsministerin

Den ersten politischen Kampf gewinnt sie. 1974 hat sie Abitur gemacht am Nelly-Sachs-Gymnasium in Neuss; in den späten 70er-Jahren will die Stadt ihre Schule schließen. Annette Schavan ist seit 1975 kommunalpolitisch aktiv, nicht als gewähltes Ratsmitglied – das wird sie erst 1982 –, sondern als »sachkundige Bürgerin«. Eine Besonderheit der damaligen Kommunalverfassung in Nordrhein-Westfalen: Wer auf den hinteren Listenplätzen kandidiert hat, darf ohne Stimmrecht mitarbeiten. Schavan macht bei Umwelt und Schule mit. Ihre Schule, findet sie, die doch erst in den 50er-Jahren gegründet worden ist, soll nicht geschlossen werden. Die junge Kommunalpolitikerin kämpft. Im Oktober 2007 hält Annette Schavan, nunmehr Bundesministerin für Bildung und Forschung, in Neuss die Festrede zum 50-Jahre-Jubiläum des Nelly-Sachs-Gymnasiums. Ihre Augen blitzen, wenn sie davon erzählt.

Schavan, das muss zuerst gesagt werden, ist Rheinländerin. Sie wächst in einem bürgerlichen Elternhaus auf, das vom rheinischen Katholizismus geprägt ist. Woher auch immer es jemanden ins Rheinland verschlägt: Dem besonderen Charme dieser Region kann niemand widerstehen. In Köln, Neuss, Bonn oder Düsseldorf versteht man sich einfach aufs Leben; deshalb ist die christliche Überzeugung dort gleichzeitig urliberal. Der Witz und die Heiterkeit, die daraus entstehen können, haben Schavan von Kind an geprägt. Und das wird sie noch brauchen in ihrem Leben, das sie zu den Schwaben und Preußen verschlagen wird.

Im Erwartungshorizont von Annettes Eltern hat es nicht gelegen, dass sie einmal Ministerin sein könnte. Der Vater arbeitet als Geschäftsführer bei einer Werbeagentur, die Mutter ist Hausfrau – ihre Vorstellung für den Weg der einzigen Tochter ist traditionell: erst Lehrerin, dann Heirat. Aber Bildung soll schon sein, für das Mädchen nicht anders als für die beiden jüngeren Söhne. In ihrer Familie zählt Annette, ganz wie die Brüder, Cousins und Cousinen, zur ersten Generation, die Abitur macht und studiert. Den einzigen feinen Unterschied, den ihre Eltern gemacht haben, erinnert sie sich, könne man auf der Geburtsanzeige sehen. Da wird ihr Bruder als »unser Stammhalter«, sie aber als »unser erstes Kind« begrüßt.

Das ursprünglich als reine Mädchenschule gegründete Nelly-Sachs-Gymnasium wird koedukativ, als Schavan Klassensprecherin und Anfang der 70er-Jahre Schulsprecherin ist. »Wir waren die kleinen Geschwister der großen 68er«, sagt sie. »Es war ganz selbstverständlich, politische Wochen in der Schule zu organisieren. Ich sehe mich noch heute in der überfüllten Turnhalle als Schülersprecherin. Wir hatten den örtlichen Bundestagsabgeordneten eingeladen, es gab riesiges Interesse bei den Schülern, auch außerhalb der Unterrichtszeit.«

Politisch zählt sie zum Mainstream, der ist in Neuss schwarz, doch die Luft schwirrt auch hier vor emanzipatorischem Elan. Es ist nicht Schavan, die den Plan hat, in die Politik zu gehen. Die CDU geht auf junge Leute wie Schavan zu. Junge Frauen, damit kann man jetzt durchaus punkten, auch wenn das Zeitalter der Alibifrauen noch längst nicht zu Ende ist.

Schavan studiert in Bonn und Düsseldorf Erziehungswissenschaft, Philosophie und Katholische Theologie. 1980 wird sie Dr. phil. in Düsseldorf; ihre Promotionsarbeit trägt den Titel: »Person und Gewissen – Studien zu Voraussetzung, Notwendigkeit und Erfordernissen heutiger Gewissensbildung«.

Fast zehn Jahre, bis 1984, ist sie in Neuss politisch aktiv. In der CDU-Fraktion der Kleinstadt bei Düsseldorf geht es nicht konfliktfrei zu zwischen den Alteingesessenen und den neu Hinzugekommenen. Neu ist die Gruppe von drei Frauen, der Schavan und eine Adenauertochter angehören. Man beobachtet sie skeptisch und nennt sie die Mafia, genauer: »die Weibermafia«.

Schavans Interessen sind handfest. Man kann etwas gestalten, hat Einfluss, ja, auch Macht, wenn es zum Beispiel um die Besetzung von Schulleiterstellen geht. Zu diesem Leben gehört die »Parteischiene«, die Mitgliedschaft in der CDU, in der Jungen Union. Am Ende ihres Studiums widersteht sie dem Angebot, für den nordrhein-westfälischen Landtag zu kandidieren. Sie entscheidet sich für den Beruf.

In diesen Jahren führt das Studium in Bonn gleichzeitig zu einer anderen, der christlich-intellektuellen Auseinandersetzung mit Politik. Einer ihrer Lehrer ist der Moraltheologe Franz Böckle, der gelegentlich erzählt, wie er im Kanzleramt oder in Bundesministerien Politiker berät. Die Frage beginnt die Studentin zu fesseln: Wie steht christliche Existenz zu einer Verantwortung, die sich nicht nur auf das eigene oder das Leben der Allernächsten bezieht? Das Fundament einer Politikerin, die in dieser Ethik verankert ist, wächst. »Es ist stabiler geworden über die Jahre«, sagt die Ministerin heute. Und sie sagt auch: »Es hat Anfechtungen erlebt.«

Politik ist vorerst nicht Schavans Beruf, aber sie führt ein öffentliches, ein politisches Leben. Zunächst ist sie Referentin beim bischöflichen Cusanuswerk, arbeitet als Abteilungsleiterin für außerschulische Bildung im Generalvikariat Aachen. 1987 wird sie für knapp zwei Jahre Geschäftsführerin der CDU-Frauenunion; sie kennt Rita Süssmuth schon aus Neusser Nachbarschaft bestens. Aber in die professionelle Politik zieht es sie immer noch nicht. Bis 1995 leitet sie das Cusanuswerk – 15 normale Berufsjahre.

»Und dann holt mich der Teufel«, lacht sie. Es war sonntags, in Berlin, sie nimmt an einer Tagung in der Katholischen Akademie teil. Die liegt schräg gegenüber von ihrem heutigen Amtssitz, in der Hannoverschen Straße. Erwin Teufel, Ministerpräsident von Baden-Württemberg, nimmt seine Parteifreundin beiseite und sagt: »Können Sie sich vorstellen, Kultusministerin zu werden?« Schavan hat zu diesem Zeitpunkt zwar eine Vorübung, aber eine Vorahnung hat sie nicht. Sie ist ein Jahr zuvor, 1994, Schattenministerin von Christian Wulff gewesen und ist im Wahlkampf durchs Land getourt, eine Rheinländerin in Niedersachsen. Schöne Erfahrung, aber folgenlos, denn Wulff verliert die Wahl.

Als Quereinsteigerin nach Baden-Württemberg zu ziehen, ist verwegen – ein mächtiger Landesverband mit vielen verdienten Mitgliedern. Der eine oder andere hatte sich sicher Hoffnungen auf den Job gemacht, den der Landesvater ihr anträgt. Im März 1995 hatte Teufel sie gefragt, im Juli verkündet er die Personalie.

»Bis heute erzählen mir Fraktionsmitglieder, sie wüssten noch genau, welches Kleid ich anhatte.« Nämlich das blaue. Schavan hat die Bilder dieser Reise noch im Kopf: wie sie in Stuttgart aus dem Zug gestiegen ist und abgeholt wurde. Dann die Fraktion. Teufel ist ein starker Patriarch, eine Diskussion findet nicht statt. Aufregender ist dann schon der Wahltag selbst. In der Stuttgarter Großen Koalition ist nämlich gerade Krach wegen eines ganz anderen Themas, und die SPD hat gedroht, die Neue nicht zu wählen. Doch es geht gut mit der Wahl der Rheinländerin zur schwäbischen Ministerin.

Als Kultusministerin in einem großen Flächenland gehört man zur ersten Riege der Politik. Die kampfeslustige Schavan wagt Streit in der Sache, um den Englischunterricht in der Grundschule oder die Verkürzung der Schulzeit bis zum Abitur auf zwölf Jahre. Sie schlägt Wurzeln: Ihre Freizeitzuflucht steht nicht am Rhein, sondern am Bodensee, in dem sie selbst bei kühlen Graden badet.

Bundesweites Aufsehen erregt sie mit dem Kopftuchstreit, als sie Fereshta Ludin, einer Muslimin, die Verbeamtung als Lehrerin verweigert, weil die Deutsch-Afghanin auf das Kopftuch in der Schule nicht verzichten will. Der Streit gehört zu den »Anfechtungen« der Politikerin, die sich religiöse Intoleranz vorhalten muss. Ein Vorwurf, der sie schmerzt, weil ihre Motive gegen das Kopftuch im Unterricht ganz anders sind. Wenig verstanden von einer liberal-duldsamen Öffentlichkeit, hält Schavan bis heute in der Debatte ihre Position durch, das Kopftuch der Lehrerin als politische Demonstration zu werten, nicht als religiöses Symbol – ja, sie sieht sich durch den Lauf der Dinge eher bestätigt und bestärkt.

Annette Schavan setzt sich zunächst ohne große Widerstände in der Partei durch. 1998 wird sie stellvertretende CDU-Bundesvorsitzende. Sie gilt als eine, die Angela Merkel – seit 2000 die CDU-Chefin – nahesteht. 2001 wird Schavan Landtagsabgeordnete in Baden-Württemberg, direkt gewählt wie 2005, als sie in den Bundestag kommt. Davor aber stellt sie sich einer Schlacht. 2004 kündigt Teufel seinen politischen Rückzug an, Schavan bewirbt sich um seine Nachfolge als CDU-Chefin und Ministerpräsidentin, ihr Konkurrent ist der hoch favorisierte Günther Oettinger. Bei der CDU-Mitgliederbefragung erreicht Schavan

39 Prozent – in der Öffentlichkeit findet jedoch eine beispiellose Schlammschlacht um ihre Person statt, hinter der laut EMMA nicht zuletzt eine Verbrüderung zwischen Christen und islamischen Fundamentalisten steckt. Sie zieht die Bewerbung zurück und nimmt es gelassen. Die Blessur ist keine, die ihr schadet, sondern sie zur Spitzenpolitikerin adelt.

Am Kabinettstisch der Bundeskanzlerin Merkel gibt sie erst einmal Macht ab. Eine Bundesbildungsministerin hat wegen der Kulturhoheit der Länder weniger zu sagen als eine Landesministerin. Als Forschungsministerin erlebt sie ihre zweite große Anfechtung, als über die Stammzellenforschung neu entschieden werden muss. Von Schavan, die viele Jahre Vizepräsidentin des Zentralkomitees der Deutschen Katholiken war, wird erwartet, dass sie die restriktive Linie fortsetzt, die der Bundestag beschlossen hat. Doch die Forschungsministerin entscheidet sich anders. Dass sie damit auf der Seite der Kanzlerin steht, macht ihre Position eigentlich noch schwieriger. Ihr wird nun doppelter Opportunismus vorgeworfen: Sie habe katholische Grundsätze aufgegeben, weil sie Merkel-Frau sei und weil sie sich dem Druck aus der starken Forschungslobby gebeugt habe.

Dass sie nicht selbst, sondern als Merkel-Ministerin entschieden haben soll, lässt sie kalt. Die Enttäuschung ihrer Weggefährten aus dem christlich-katholischen Umfeld ist schmerzlicher. Die Intellektuelle begegnet ihr mit der inneren Gewissheit, dass sie sich in der Sache geprüft hat und ihre Entscheidung moralisch und intellektuell integer ist.

TISSY BRUNS

1990: So präsentierte sich Ulla Schmidt zu ihrer ersten Wahl in Aachen.

»Eines ist klar: Sie dürfen sich nie auf den falschen Platz setzen!«

2008: Auch in Berlin findet Schmidt: Frauenpolitik ist was Richtiges.

Ulla Schmidt/SPD Gesundheitsministerin

Was ist der größte Fauxpas, den man als Novizin in einem Stadtrat begehen kann? »Sie dürfen sich ja nicht auf einen falschen Platz setzen!« Falsch ist ein Platz dann, wenn er bereits von jemand anders okkupiert wird, was quasi immer der Fall ist. Auch Ulla Schmidt beging anno 1989 bei ihrer Premiere im Aachener Stadtrat diesen kapitalen Fehler. Die Strafe folgte auf dem Fuße. »Da kommt dann einer und sagt: ›Hier kannst du nicht sitzen, hier sitze ich schon seit Jahren.‹« Dann muss der, in diesem Fall die verblüffte Vertriebene bei dieser kommunalen Reise nach Jerusalem erst mal einen freien Platz ergattern bzw. warten, bis ihr einer zugewiesen wird, bevor sie sich einreihen kann in die Riege der Genossen.

Besetzt waren die sozialdemokratischen Stühle anno 1989 im Stadtrat von Aachen zu zwei Dritteln von Männern. Ziemlich viele also, aber relativ gesehen wenige, denn bei der CDU und der FDP gab es gerade mal »zwei oder drei Frauen«, erinnert sich die Stadträtin a. D. Das Drittel Frauensitze hatten die Sozialdemokratinnen der frisch eingeführten Quote zu verdanken, ganz wie beim grünen Koalitionspartner, der sogar halbe-halbe machte.

Die 40-jährige Ulla Schmidt hatte in den noch frauenbewegten 80ern »die gesamte Diskussion um die Quote mitgemacht und dafür gekämpft, dass sich Frauen an der Politik beteiligen«. Dazu gehört natürlich, dass »sich Frauen dann auch melden, wenn Ämter zur Verfügung stehen. Sonst werden wir es ja nie ändern.« Diesen Grundsatz beherzigt Schmidt seither mit Verve.

Die Sonderschullehrerin meldete sich, schon kurz nach ihrem vergleichsweise späten Eintritt in die SPD 1983 im Alter von 34 Jahren, als ein »sachkundiger Bürger« für den Bereich »Liegenschaften« gesucht wurde. Sie wurde wohnungspolitische Sprecherin und Mitglied im Finanzausschuss. »Ich bin damals, glaube ich, auf jedem Schützenfest gewesen und kannte alle Kleingärten.« Ulla Schmidt hob auch die Hand, als die Aachener SPDlerinnen 1990 eine Frau in den ersten gesamtdeutschen Bundestag pushen wollten. Sie trat an gegen drei Männer, »die glaubten, sie könnten das besser als ich« – und setzte sich durch. Und wieder gab es keinen Platz, in diesem Fall: kein Büro für sie: »Die Büros sind ja erst mal noch von den alten Abgeordneten besetzt. Da muss man warten, bis eins frei wird.« Bis es so weit war, durfte sie bei Ingrid Matthäus-Meier telefonieren.

Eines Abends im Januar 2001 fragte eine Journalistin bei ihr an. Was sie denn dazu sage, dass jetzt sie nach dem Rücktritt der Grünen Andrea Fischer Gesundheitsministerin werden solle? »Ich?«, stutzte Schmidt. »Die Gesundheit?« Die hätten doch die Grünen. Und überhaupt, aber das dachte sie nur still für sich, sei das schließlich der »undankbarste Job in der Regierung«. Als in der Nacht tatsächlich am anderen Ende des Hörers »die Frau Duden aus dem Kanzleramt sagte: ›Der Gerd will dich sprechen‹, da wusste die Sozialpolitikerin und Rentenexpertin schon, was der Gerd sie fragen wollte.

Ihr war klar, dass die neue Aufgabe eine schier unendliche Aktenfresserei bedeuten würde. Ihr schwante, dass das Tauziehen mit den Lobbyisten von Ärzteschaft, Apothekern und Pharmaindustrie eine Menge Kraft erfordern und nicht immer zu ihren Gunsten ausgehen würde. Sie wusste, dass man bei diesem Job »eigentlich nur verlieren kann«. Trotzdem. Sie antwortete dem Gerd: »Ja gut, mach ich.«

Die drei Adjektive »robust«, bodenständig«, »patent« sind ein Must in jedem Ulla-Schmidt-Porträt. Nicht zu vergessen die

»rheinische Frohnatur«. Allerdings: Wenn die Bundesgesundheitsministerin ihre Geheimnisse auf dem Weg nach oben preisgibt, lässt sich der Eindruck nicht von der Hand weisen, dass diese Klischees einen wahren Kern enthalten. »Sie dürfen Ihren Humor nicht verlieren«, erklärt sie. Und wie schafft man das? »Weiß ich auch nicht«, sagt sie. »Das ist wohl angeboren.« Sitzt man nicht nach einem heftigen Tag manchmal zu Hause und heult? »Nee!«, sagt sie. »Wenn ich nach Hause komme und habe noch Zeit, dann gehe ich mit Freunden um den Block, ein Eis essen. Eine Kugel Alpenkaramell.« Aber dieser harte Job? »Dieses Klagen über die Schwere des Lebens« findet sie ganz und gar überflüssig. »Ich bin gesund, meine Tochter und meine beiden Enkel sind gesund. Das ist doch die Hauptsache.«

Schmidt ist die Erste, die sich darüber auf die Schenkel schlägt, wenn sie als Ullalala im »Reformhaus Schmidt« auf WDR 2 durch den Äther näselt. Da fallen einem noch weitere Adjektive ein. »Unbekümmert« zum Beispiel. Aber auch »unerschrocken«. Was zum Beispiel damit zusammenhängen könnte, dass Schmidt zu spät in die SPD eingetreten ist, um schon im zarten Juso-Alter in den Parteimühlen zerschreddert zu werden. Und das, obwohl im Hause Schmidt immer SPD gewählt wurde. Das wusste Ulla Schmidt zwar am Anfang gar nicht, »weil man damals nicht laut sagte, was man wählte«. Aber Mutter Leni Radermacher, die ihre drei Töchter alleinerziehend als Bürokraft, Fabrikarbeiterin und schließlich Verkäuferin durchbrachte, nahm Ulla immer mit zu den Sommerfesten der Arbeiterwohlfahrt (AWO) oder dem Krippenspiel des Verbandes der Kriegsversehrten, der damals noch Reichsbund hieß und »Tüten mit schönen Süßigkeiten verteilte« und für den die Großmutter selbstverständlich die 50 Pfennig

Monatsbeitrag abknapste. Diese Oma war die Einzige, die ihre Parteipräferenz laut und deutlich verkündete: »Ein Arbeiter wählt die SPD!«

Ulla durfte noch nicht wählen, wurde aber gewählt: als Klassensprecherin ihrer Realschule, der das Aufbaugymnasium folgte. »Meine Mutter hat uns immer gesagt: Eine gute Ausbildung ist das Wichtigste im Leben.« Tochter Ulla erfüllte den mütterlichen Auftrag mit Umtriebigkeit: Klassensprecherin in der Schule, Gruppenleiterin bei der Katholischen Jugend, Gewerkschaftsaktivistin in der GEW. Und Mitte der 70er in einer Gruppe im Umfeld des Kommunistischen Bund Westdeutschlands, die sie wieder verließ, weil sie befremdlich fand, dass der KBW sich nicht genügend von der Schleyer-Entführung und anderen »antiimperialistischen Aktionen« der RAF distanzierte.

Schließlich war es Ulla Schmidts Mutter, die ihre Tochter, inzwischen Sonderschullehrerin und ebenfalls alleinerziehend, nach deren katholischer und kommunistischer Phase in die SPD bugsierte. Als nämlich Helmut Schmidt 1982 von Kohl und der umgeschwenkten FDP via Misstrauensvotum gestürzt wurde, war Leni Radermacher stocksauer. Und beschloss, nun Mitglied bei den gestürzten Genossen zu werden. Einsatz Tochter Ulla. »Mutti«, mahnte sie, »dann kannst du aber nicht nur deinen Mitgliedsbeitrag zahlen. Dann musst du da auch hingehen!« Den Einwand der Mutter, sie sei nicht mehr gut zu Fuß, entkräftete die Tochter: »Ich fahre dich hin und hole dich auch wieder ab.« Die Zeit dazwischen verbrachte die Tochter neben der Mutter in den Ortsvereinssitzungen der Aachener SPD, wo sie sich, wie gewohnt, einmischte. »Und dann haben die natürlich irgendwann gesagt: ›Jetzt werd doch mal Mitglied!‹« Wurde sie.

Als die Ratslisten aufgestellt wurden, wurden Ulla Schmidt und andere Mütter von den Genossen, »die ja keinesfalls alle begeistert von der Quote waren«, gefragt, »wer sich denn dann um die Kinder kümmert«. Um Ulla Schmidts Tochter Claudia kümmerten sich Mutter und Großmutter in ihrem Mehrgenerationenhaus.

Im Bundestag meldete sich die Abgeordnete Schmidt für die Forschungspolitik, ging aber »natürlich« zusätzlich in die AG Frauenpolitik. »Es gab da unter den Frauen eine andere Art von Solidarität, so ein Stück sich gegenseitig helfen«, erzählt sie. Als die amtierende Vorsitzende nicht mehr wollte, kandidierte Neuzugang Ulla Schmidt. »Die fanden das unverschämt und haben gesagt, ich wäre noch nicht an der Reihe.« Aber Schmidt, die nach wie vor mit dieser Art der prädestinierten Pöstchenvergabe fremdelte, ließ sich »das nicht gefallen!«. Sie wurde gewählt.

In ihre siebenjährige Amtzeit als Vorsitzende der »Querschnittsgruppe Gleichstellung« fallen zwei spektakuläre Abstimmungen, an deren Zustandekommen Schmidt maßgeblichen Anteil hatte: Frauen aller Fraktionen setzten parteiübergreifend zwei zentrale Gesetze durch – die Reform des § 218 und die Bestrafung der Vergewaltigung in der Ehe. Mit einer Aktion trug Schmidt dazu bei, dass ein folgenreicher Satz in das 1994 aktualisierte Grundgesetz kam: Der Gleichberechtigungsartikel 3 wurde ergänzt um den Satz: »Der Staat fördert die tatsächliche Gleichberechtigung und wirkt auf die Beseitigung bestehender Nachteile hin.« Um ihn durchzusetzen, hatte Querschnittsgruppen-Chefin Schmidt zu einer Konferenz am Chiemsee mit Politikerinnen aller Fraktionen, Gewerkschafterinnen und Feministinnen eingeladen. Die Verfassungskonferenz von 1948 hatte auf Herrenchiemsee stattgefunden, die Frauen hielten ihre Tagung symbolträchtig auf Frauenchiemsee ab – und setzen sich durch.

»Es kamen dann viele Sprüche nach dem Motto: ›So dumm oder hässlich bist du doch gar nicht, dass du nur Frauenpolitik machen musst!‹« Oder: ›Jetzt kannst du doch mal was Richtiges machen!‹ Ulla Schmidt pflegte trocken zu entgegnen: »Ich mache was Richtiges.«

Ulla Schmidts so ganz eigenes Selbstbewusstsein, das hat weder etwas vom plumpen Geprolle so manches Parteimachos noch von der satten Selbstgerechtigkeit arrivierter Genossen. Es ist eher der Durchmarsch einer Arbeitertochter, die sich die Butter nicht vom Brot nehmen lässt.

Hat Ulla Schmidt sich damals im Aachener Stadtrat vorstellen können, dass sie 18 Jahre später eine der mächtigsten PolitikerInnen – mit großem I – Deutschlands sein würde? Herrin über einen Milliarden-Etat und schließlich, nach dem Abgang von Riester, auch noch »Superministerin«? »Neeiin«, sagt sie. Und dann noch mal: »Naaaiin!« Das habe sich »alles irgendwie so ergeben«. Allerdings: »Ich hatte ein Prinzip: Wenn mich jemand gefragt hat, ob ich etwas machen will, was mich interessiert, hab ich immer Ja gesagt. Das halte ich für wichtig, dass Frauen sagen: Ich trau mir das zu wie jeder andere hier.«

Wer heute das Büro der Gesundheitsministerin in dem gewaltigen Glaskasten neben dem Friedrichstadtpalast betritt, dem erklärt Ulla Schmidts Pressesprecherin, während sie auf die braune Sitzgruppe deutet: »Sie können sich überall hinsetzen. Aber hier«, sagt sie und deutet auf den einzelnen Sessel mit Berlin-Blick durch die große Fensterfront, »sitzt immer die Ministerin.«

CHANTAL LOUIS

1984: Die Wattenscheiderin ist im Düsseldorfer Landtag angekommen.

»Sie glauben gar nicht, wie viele blonde Männer ich kenne.«

2005: Die Wirtschaftsministerin steht in allen Lagen ihren Mann.

Christa Thoben/CDU
NRW-Wirtschaftsministerin

Als Christa Thoben 1980 für ein Landtagsmandat kandidierte, gaben ihr ihre Parteifreunde einen »heißen Tipp« für den Wahlkampfprospekt: »Du musst ein Foto reintun, auf dem du dein Auto wäschst!« Wir befinden uns im Herzen des Ruhrgebiets, nämlich in Wattenscheid. »Und für so eine Stadt kam ich aus einem zu bürgerlichen Haushalt und hatte auch noch die Klubmeisterschaften im Tennis gewonnen.« Die Autowäscherin sollte also Volksnähe demonstrieren. Doch das fand die Kandidatin anbiedernd. Sie beschied die Kollegen: »Ich hab mein Auto noch nie gewaschen, dat fang ich auch für den Wahlkampf nich an!« Es erschien ein Foto von den Tennis-Klubmeisterschaften.

Es sollte nicht das letzte Mal sein, dass »ich manches anders machte und sah«. Zum Beispiel gab die frischgebackene Landtagskandidatin einem Journalisten auf dessen Frage »Wann würden Sie sich in Ihrer Partei gleichberechtigt fühlen?« zu Protokoll: »Wenn ich genauso viel Unsinn reden dürfte wie die Männer!« Der Artikel stieß bei den Herren Christdemokraten auf wenig Begeisterung. »Musst du so was denn sagen?«, fragten die gedehnt. »Ja«, antwortete sie. »Muss ich. Es stimmt doch.«

Als Christa Thoben schließlich im Landtag saß – das Mandat hatte sie via Listenplatz bekommen –, wollte die Unternehmerstochter wirtschaftspolitische Sprecherin der Fraktion werden. Sie fand das naheliegend, denn schließlich hatte sie Volkswirtschaftslehre studiert, zwölf Jahre am Rheinisch-Westfälischen Institut für Wirtschaftsforschung Politikberatung gemacht und schließlich die Geschäfte der Industrie- und Handelskammer zu Münster geführt. Aber die 39-jährige Newcomerin war nicht die Einzige, die den Sprecherjob wollte. Also machte bald ein Gerücht die Runde: Thoben habe ein Verhältnis mit ihrem Förderer, dem Partei- und

Fraktionschef Kurt Biedenkopf. Thoben erkundigte sich, aus welchem Ortsverein das Gerücht kam, und stellte den Vorsitzenden zur Rede. »Hör mal, deine Botschaft war nicht vollständig«, sagte sie. »Ich habe nämlich auch ein Verhältnis mit meinem Hund.« Der Mann kriegte einen hochroten Kopf, die Frau setzte nach: »Und wenn du das noch einmal verbreitest: Ich habe den besseren Anwalt!«

»Wenn man bei so was zuckt oder sich schämt oder schüchtern ist, hat man verloren!«, sagt Thoben. Dies ist die erste von vier goldenen Thoben-Regeln, die einer Frau den Weg durchs Politikerinnenleben nicht nur erleichtern, sondern ihn eigentlich überhaupt erst möglich machen.

Regel Nummer 1: Nie verleugnen, dass man eine Frau ist, auch wenn man selbst ganz gut durchkommt in der Männerwelt. Die CDU-Politiker hatten fest mit Christa Thoben gerechnet, als mit gewisser Verspätung auch in der CDU die Debatte um Quoten und Quoren begann. »Du musst doch dagegen sein«, sagten sie. »An dir sieht man doch, dass Frauen das nicht brauchen.« Zu deren Verblüffung erklärte ihre Vorzeige-Karrierefrau jedoch: »Liebe Leute, jetzt passt mal auf: Jeder Mann akzeptiert Quoten. Mal ist er evangelisch, mal hat er den richtigen Beruf, mal kommt er aus Ostwestfalen. Das will der alles fördernd einsetzen. Bloß wir Frauen, wir sollen das nicht machen? Seh' ich überhaupt nicht ein!«

Regel Nummer 2: Nicht anbeißen, wenn Männer die Die-anderen-Frauen-sind-ja-zickig-aber-du-bist-in-Ordnung-Masche fahren. »Auf diesen Trick darf man nicht reinfallen! Sicher, ich hab als Frau für mich persönlich eher Vorteile als Nachteile erlebt. Aber wenn die Männer sich erhoffen, das hätte mich dazu bewegt, alle anderen Frauen für doof zu halten ... nee! Das hab ich nicht zugelassen.«

Regel Nummer 3: Klare Ansagen. So erläuterte die Landtagsabgeordnete beispielsweise ihrem Konkurrenten, dem heutigen NRW-Finanzminister Helmut Linssen, warum sie und nicht er wirtschaftspolitische SprecherIn der Fraktion werden sollte, mit den folgenden Worten: »Du bist zwar Unternehmer, aber die verstehen meist nix von Wirtschaftspolitik. Die wissen, wie sie ihre Geschäfte machen, aber das ist ne andere Aufgabe.« Thoben: »Je deutlicher man in der Sache argumentiert, umso leichter wird es.«

Und Regel Nr. 4: Nie den Humor verlieren. Noch nicht mal, wenn die eigene Partei zum sogenannten »Frauenparteitag« anno 1984 Girls vom Folies Bergère oben ohne aus Paris antanzen lässt. Damals stieg auch Änne Braucksiepe auf die Bühne und erklärte: »Na, dann müssen auf dem nächsten Parteitag wohl wir hier oben tanzen!« Das fand Thoben richtig gut.

Christa Thoben lacht oft, gern und laut. Häufig enden die Sätze der großen Frau im patenten Kostüm mit tiefem Gelächter oder einem »Hah!«, dieser Mischung aus Einzellacher und Selbstbehauptung. Woher nimmt frau den Mut, sich so ganz und gar unweiblich immer wieder unbeliebt zu machen? Familienpsychologisch liegt die Theorie der Vatertochter nahe. Christa Thoben ist das älteste von drei Kindern und das einzige Mädchen der Familie. Der Vater hat einen Textilladen, wo Christa auch schon mal hinter der Kasse steht, und hofft, dass seine Tochter später das Unternehmen übernimmt. Das will sie aber nicht, »weil ich dann nicht eigenständig genug gewesen wäre«. Zwar studiert sie Wirtschaft, geht dann aber ihren eigenen Weg.

Auch die Mutter ist berufstätig, was für die Zeit nicht selbstverständlich ist. Sie entwirft Stoffe und war vor dem Krieg »zwischen Königsberg und Mailand immer allein unterwegs«. Um nicht als »Freiwild« zu gelten, organisierte sie sich einen homosexuellen Mann, der sie auf den Geschäftsreisen zum Essen oder ins Theater begleitete. Und Tochter Christa wundert sich bereits im zarten Tanzstundenalter darüber, wie die Dinge zwischen den Geschlechtern laufen. »Dass ich da warten musste, bis mich einer auffordert ... Das fand ich anmaßend!« An der Uni Münster wird sie von einem Kommilitonen gefragt, ob sie in seiner Studentenverbindung Couleurdame sein will. Es stellt sich heraus, dass deren Aufgabe darin besteht, die Herren Studenten nach deren Wünschen zu bespaßen. Auf der anderen Straßenseite liegt das »Heim für gefallene Mädchen«. »Wie da mit zweierlei Maß gemessen wurde, das machte mich wahnsinnig!«

In die Politik ging die Diplom-Volkswirtin schließlich, als sie nach ein paar Jahren Wirtschaftsforschung feststellen musste, dass sie zwar immer die Grundlagen für politische Entscheidungen lieferte, selbst aber nie Entscheidungen treffen durfte. Aber welche Partei wäre die richtige? Die FDP? Zu klein. Die SPD? Nicht ihre wirtschaftspolitische Linie, zu viel Staat. Die CDU? Okay. »Die sind zwar lahm, aber die kannst du ja flott machen.«

Sie tritt 1970 in die Junge Union ein. Zwar ist sie mit 29 ein bisschen alt für die Jungen, aber: »Bis ich die Alten umgekrempelt habe, dauert es zu lange.« Thoben wird rasch Kreisvorsitzende und führt Seminare des Stils ein: »Wie verstehe ich den Wirtschaftsteil der Zeitung?« Als die Junge Union sie als stellvertretende Vorsitzende in den Landesvorstand hieven will, gerät Thoben mit der Frauenunion aneinander. Die wollen ebenfalls eine Frau im Landesvorstand und befürchten, dass, da man ja nur eine Frau für das Führungsgremium fordern könne, ihre Kandidatin damit gestorben sei. »Ich bin dann in den Landesvorstand der Frauenunion marschiert und hab gefragt, wie sie denn erreichen wollten, dass die Zahl der Frauen zunimmt, wenn immer nur eine kandidieren darf.« Also kandidieren beide Frauen – und kommen beide in den Landesvorstand.

Die Wirtschaftspolitikerin Thoben galt nie als explizite Frauenpolitikerin, doch immer als Emanze, irgendwie. Ihre beste Rede habe sie zum Thema Frauenförderung gehalten, sagt Thoben und lacht diesmal ihr tiefes Lachen schon vorab. Das war, als die damalige Staatssekretärin für Gleichstellung, Ilse Ridder-Melchers (SPD), wieder abgeschafft werden sollte. Die CDU-Fraktion bat Thoben, dazu zu sprechen. Die sagte zu und warnte: »Leute, glaubt nicht, dass das für euch bequemer wird!« Thoben begann mit dem Kampf ums Frauenwahlrecht, fuhr fort mit den 60ern, in denen Frauen noch kein eigenes Konto eröffnen durften, und landete schließlich bei einer Fernsehfrau, die gerade aus Altersgründen vom Bildschirm ins Archiv verbannt worden war: »Wer sagt eigentlich, dass Männer mit zunehmender Leibesfülle und abnehmendem Haupthaar immer attraktiver werden?«, fragte Thoben. Die weiblichen Abgeordneten grölten, einige der männlichen Abgeordneten beschwerten sich bei der Fraktionsführung. Als die Christdemokratin abends den Landtag verließ, warteten im Foyer Frauen aller Fraktionen mit Blumensträußen auf sie.

Klar, dass Thoben immer auch der Gegenwind aus den eigenen Reihen ins Gesicht blies. Zwischen 1990 und 1995 legte sie eine fünfjährige Politpause ein, nachdem Norbert Blüm ihr keinen angemessenen Posten in der Fraktion gegeben hatte. 1999 zog sie sich noch einmal zurück. Sie hatte gegen Jürgen Rüttgers und

Helmut Linssen um den Parteivorsitz kandidiert und in ihrem Programm »Ran an die Wirklichkeit!« ihre Partei darauf aufmerksam gemacht, dass »wir mit vielen Themen wie der Kinderbetreuung und der Ökologie zu spät dran sind«. Linssen gewann, Thoben wurde als erste Frau nach 300 Jahren Deutschlands Hauptgeschäftsführerin einer Industrie- und Handelskammer.

Inzwischen genießt die NRW-Wirtschaftsministerin, »dass ich in diesem hohen Alter noch so ein schönes Amt habe«. Einfach ist das nicht in NRW, wo manche Ruhrgebietsstädte die höchste Arbeitslosenrate Westdeutschlands haben. »Ich sage immer: Wenn es leicht wäre, hätten es ja die anderen weitermachen können.« Gestern aber zum Beispiel war ein guter Tag. Zuerst hat der kanadische Blackberry-Hersteller RIM angekündigt, sein neues Forschungszentrum in Bochum zu bauen. Und dann haben ihr die Mittelständler auf der Tagung »Metropolregion NRW – Kreative Ökonomie« so viele positive Rückmeldungen gegeben, »dass die Presse denken könnte, ich hätte se mir alle herbestellt«.

Langsam scheinen sich die Wirtschaftsmänner daran zu gewöhnen, dass sie es jetzt mit einer Frau an der Spitze zu tun haben. Ausfälle gibt es natürlich immer. »Man trifft immer wieder auf Herren, denen man ansieht, dass sie es eigentlich eine Zumutung finden, dass eine Frau Wirtschaftsministerin ist. Manche sind so blöd, dass sie mir Blondinenwitze erzählen.« Was die Ministerin dann antwortet? »Sie glauben gar nicht, wie viele blonde Männer ich schon getroffen habe!«

CHANTAL LOUIS

1968: Die Stadtverordnete Zeul beim Wahlkampf in Rüsselsheim.

»Du darfst dich als Frau um keine Funktion drücken.«

2008: Die Entwicklungshilfeministerin beim Trommeln in Berlin.

Heidi Wieczorek-Zeul/SPD Entwicklungshilfeministerin

Also, wenn ich fertig bin mit dem Studium, geh ich zu den Jungsozialisten und in die SPD«, beschließt Heidemarie Wieczorek-Zeul. Als sie in den frühen 1960er-Jahren in Frankfurt studiert, brechen in der Gesellschaft die Fragen der jüngsten deutschen Vergangenheit mit Macht auf, die in ihrer Schulzeit noch mit Sprachlosigkeit überdeckt werden. Ihre erste Unterbezirkskonferenz im hessischen Rüsselsheim – dort treffen sich ernste junge Männer in Anzug und Krawatte – verschafft ihr ein Schlüsselerlebnis. Als ein Schriftführer für den neu zu wählenden Unterbezirksvorstand gesucht wird, ruft der Unterbezirksvorsitzende: Ach, da hinten sitzt ja eine Genossin, die kann doch sicher schreiben. »Da habe ich erst mal um Luft gerungen – und dann habe ich gedacht: Du kannst dich als Frau um gar keine Funktion drücken.« Sie übernimmt die Rolle als Schriftführerin.

Ein Jahr später allerdings, da ist sie selbst Unterbezirksvorsitzende. Sie hat die Herausforderung angenommen, die darin liegt, unterschätzt zu werden. 1968 wird »die rote Heidi« in Rüsselsheim Stadtverordnete, ihr erstes öffentliches Mandat. Vierzig Jahre später, im September 2008, nimmt sie an der New Yorker UN-Konferenz zu den Milleniumszielen teil, als deutsche Entwicklungshilfeministerin, unter ihren Amtskolleginnen und -kollegen ist sie die mit der größten Erfahrung und hohem Ansehen.

Heidi ist 14 Jahre alt, als sie in der Schule den ersten Film über die Naziverbrechen sieht. Kaum vorstellbar, wie ein Mädchen in diesem Alter aus unterschiedlichen Quellen mehr und mehr erfährt über die dunkle deutsche Geschichte, die damals erst so kurz zurückliegt, ohne dass eigentlich darüber gesprochen wird. Noch 1959, erinnert sie sich, sagt ihre Geschichtslehrerin, die Vernichtung der Juden sei notwendig gewesen, um den Krieg zu gewinnen. »Wir Schülerinnen waren alle empört«, erinnert sie sich. Aber was sagt man? Mit wem kann man sprechen? Was macht man?

Erst an der Uni trifft Heidi Zeul auf Menschen, die aus dem Erschrecken einen politischen Impuls werden lassen. Noch spielt die Studentenbewegung keine Rolle, der SDS ist ein braver Studentenverein. Fräulein Zeul wohnt nicht in einer Wohngemeinschaft, sondern mit ihrer Schwester in der Wohnung der Eltern, die sehr früh gestorben sind. In der Freizeit kümmern die beiden sich in der ehemaligen Gärtnerei der Eltern um rund 200 Pfirsichbäume.

Als die Auschwitz-Prozesse beginnen, werden die couragierten Juristen – der damalige hessische Generalstaatsanwalt Fritz Bauer, die Professoren Thomas Ellwein und Berthold Simonson (der Überlebende von Auschwitz und Theresienstadt, der an die Frankfurter Uni berufen wird) – zu prägenden Figuren für die Lehramtsstudentin. Das Kolloquium, das Bauer und Simonson zur Frage der Auschwitzprozesse durchführen, wird zum entscheidenden Ereignis ihrer Studienzeit. »Lebendige Geschichtslektionen waren das.« Ellwein, selbst SPD-Mitglied, ermuntert sie: »Gehen Sie in die Politik, Sie werden sehen, da können Sie viel mehr erreichen, als Sie glauben.«

Zeul arbeitet seit 1965 in Rüsselsheim als Lehrerin. Sie heiratet den SPD-Politiker Norbert Wieczorek, mit dem sie bis 1979 zusammenbleibt. Ihren Schülerinnen und Schülern gibt sie auf den Weg: »Der Kopf ist nicht zum Nicken, sondern zum Denken da.« Sie hält sich selbst daran.

Jetzt kommt die Zeit, in der die Studentenbewegung die Gesellschaft durchrüttelt, der SDS kein braver Verein mehr ist, der

Marsch durch die Institutionen beginnt. Als Zeul 1968 zum ersten Mal von ihrem Ortsverein zur Kommunalwahl aufgestellt wird, sind die Opel-Arbeiter in der Arbeitsgemeinschaft sozialdemokratischer Opel-Arbeiter organisiert, die empfindet sie damals als »rechts«. Der fast 1000-köpfige Ortsverein setzt im Bewusstsein seiner sicheren Mehrheiten im Ort auch drei Jusos auf die Liste, ein großer Kampf ist nicht nötig. Helmut Schmidt allerdings, der einmal zur Diskussion kommt – die SPD ist noch in der Bonner Opposition –, putzt die Genossin Heidi vor Hunderten von Leuten runter.

Politik damals. »Eine politisierte Gesamtatmosphäre, viele Nächte, in denen man wenig geschlafen hat und nachts auch mal über den Zaun des Schwimmbads gestiegen ist, engagierte Leute, Schulreform, Konzepte, eine schöne Zeit ...« Heidemarie wird zur »roten Heidi«. Der Titel, meint sie, sollte sie damals ebenso dämonisieren, wie es heute bei Andrea Ypsilanti versucht wird: die linke Frau. Die Ministerin mit den dauerroten Haaren empfindet das Schmähwort bis heute als Kompliment: »Lieber rot als blass.«

In der offiziellen Politik ist die Ära der Alibi-Frauen auf dem Höhepunkt, als Wieczorek-Zeul 1974 die erste Juso-Chefin aller Zeiten wird. Zustimmende Briefe von Frauen, und eine schreibt: Ich habe schon ein Foto von Annemarie Renger auf dem Klavier stehen, kann ich von Ihnen auch ein Bild bekommen?

Die jungen Leute strömen zu Tausenden aus der außerparlamentarischen Bewegung in die SPD. Die Jusos sind innerparteilich der aufmüpfige linke Flügel, und innerhalb der Jusos toben die Kämpfe zwischen den Stamokaps, den Antirevis und den Reformsozialisten. Antirevisionist ist der spätere Bundeskanzler Gerhard Schröder, Stamokap der künftige SPD-Generalsekretär

Klaus-Uwe Benneter, die rote Heidi kommt aus dem Lager der Reformsozialisten. Heidi macht, was sie für richtig hält. Bei Gelegenheit drohen die Genossen damit, dass Rudolf Scharping, der gemäßigte Reformsozialist aus Rheinland-Pfalz, auch für den Vorsitz infrage käme. Aber da ist Heidi schon zu bekannt und zu gut vernetzt.

Bei den Jungdemokraten ist ein Jahr vor Wieczorek-Zeul auch eine Frau zur Vorsitzenden gewählt worden, Ingrid Matthäus-Meyer, die wird aber schnell wieder abgewählt. Der Frauenaufbruch der 1970er-Jahre erreicht auch die SPD. Bei einer Tagung der neu gegründeten und feministisch motivierten »Arbeitsgemeinschaft Sozialdemokratischer Frauen« (AsF) geht Inge Wettig-Danielmeier, die spätere AsF-Vorsitzende, hochschwanger ans Podium – ein aufsehenerregendes Ereignis. Aber Wieczorek-Zeul hält sich bei den Frauen zurück, dosiert ihre Kräfte. »Man kann nicht an allen Fronten gleichzeitig kämpfen, das sehe ich bis heute so.« Die Juso-Chefin konzentriert ihre Energie auf die Konflikte mit der SPD.

Zehn Jahre später allerdings ist sie dabei, bei den Frauen. Als die SPD in den 1980er-Jahren über die Quotenfrage diskutiert, ist sie dafür: Die Quote muss sein! Als Bezirksvorsitzende in Südhessen erlebt sie mehrfach, wie bei der Listenaufstellung zur Wahl jeder Proporz – Wahlkreis, Region, Fachgebiet – zählt und beachtet wird, der Frauenanteil aber nicht. »Das war mein eigener Lernprozess. Daraus ist meine Überzeugung gewachsen: Das Einzige, was wirkt, ist eine verbindliche Quote.«

Gegen ihre Juso-Genossen Gerhard Schröder und Rudolf Scharping tritt Wieczorek-Zeul 1993 als Kanzler-Kandidatin an, als nach dem Rücktritt von Björn Engholm ein neuer Parteivorsitzender gesucht wird. Eine Urabstimmung der SPD-Mitglieder soll entscheiden, die beiden Männer touren in ihren Ministerpräsidenten-Dienstwagen durchs Land, Wieczorek-Zeul muss ihr Auto selber lenken. Die SPD ist eine quotierte Partei, aber in Chemnitz wird sie in der Geschäftsstelle der SPD mit den Worten begrüßt: »Bei uns im Osten findet die Wahl zwischen den Männern statt.« Die rote Heidi wird am Ende Dritte, Schröder nur Zweiter. Ohne ihre Kandidatur, hält er ihr grollend vor, hätte er die Urabstimmung gewonnen. Vielleicht.

Ministerin wird sie trotzdem, als 1998 die rot-grüne Koalition in Berlin antritt. Wieczorek-Zeul, die im Europäischen Parlament schon internationale Politik gemacht hat, als Globalisierung noch ein unbekanntes Wort war, bekommt als Bundesministerin für wirtschaftliche Zusammenarbeit und Entwicklung ihren Traumjob: »Das Entwicklungshilfeministerium ist das schönste Ministerium, das es in der Bundesregierung gibt.« Sie ist heute das einzige Regierungsmitglied, das seit 1998 in der Bundesregierung sitzt. Wenn Kanzlerin und Vizekanzler fehlen, leitet sie als Dienstälteste die Kabinettssitzungen.

Mit der Frauenpower hat die Ministerin jetzt von Amts wegen die engsten Beziehungen. Denn in der Entwicklungspolitik ist die Stellung der Frauen die Schlüsselfrage. Auf keinem anderen Gebiet der internationalen Politik haben sich Frauen so weit vorgearbeitet – und üben ihre Macht auch aus. Wer in der Entwicklungspolitik etwas zu sagen hat, dreht an ganz großen Rädern, denen der Weltbank zum Beispiel, eine Männerdomäne. Dass der umstrittene Paul Wolfowitz 2007 als Weltbank-Präsident zurücktreten musste, ist ein gutes Stück Frauenwerk – Wieczorek-Zeul findet das gut.

Im rot-grünen Kabinett lässt die rote Heidi sich vom grünen Außenminister so wenig das Wort verbieten wie vom sozialdemokratischen Innenminister. »Halt dich da raus«, fährt Joschka Fischer sie einmal vor allen anderen Ministern an, »Darfur, das ist Außenpolitik.« Ob er noch alle Tassen im Schrank habe, antwortet sie. »Den Menschen dort ist es egal, wer sie rettet, die Außen- oder die Entwicklungspolitik.«

Vom Genossen Schily wird die Hessin einmal kalt überrascht: Zufällig erfährt sie auf dem Neujahrsempfang des Bundespräsidenten, dass Schily wichtige Teile des Bundeskriminalamtes nach Berlin verlagern will. Aus Wiesbaden, ihrem Wahlkreis, gut 1.000 Arbeitsplätze, da hätte sie eine Vorinformation erwarten dürfen. Sie tritt öffentlich gegen den Plan auf, Schily redet wochenlang nicht mehr mit ihr, inzwischen ist wieder alles im Lot.

Die »rote Heidi« wird 2004 wieder mal beschworen, als sie den Irakkrieg »ein Verbrechen« nennt. Der Kanzler solle ihr einen Maulkorb verpassen, fordert die CSU, die Ministerin solle sich gefälligst um ihre Pflichten kümmern, »anstatt weiter wie ein roter Elefant im diplomatischen Porzellanladen zu wüten«. Der Kanzler verzichtet auf Maßregelung seiner Genossin.

Zähneknirschend hinnehmen muss ihren Eigensinn auch der Vizekanzler der Großen Koalition, Parteifreund Frank Walter Steinmeier, als sie sich 2008 als einziges Regierungsmitglied mit dem Dalai Lama trifft, wenn auch »privat«. Heute lautet ihr Wahlspruch: »Ubuntu«, das ist der afrikanische Wahlspruch für Solidarität: I am – because you are!

TISSY BRUNS

1990: Bürgerin Wilcken erklärt einem Journalisten, was sie plant.

»Wenn man sich engagieren kann, dann muss man das tun.«

2008: Bürgermeisterin Wilcken präsentiert stolz ihre Stadt.

Rosemarie Wilcken/SPD
Bürgermeisterin

Morgen früh wird die MS Europa da drüben am Kai liegen. Ein Ereignis für die Hansestädter, die sich an diesem Septembernachmittag zu einer kleinen Nachfeier zusammengefunden haben: Da wird es liegen, das Riesenschiff, zum ersten, aber vielleicht ja nicht zum letzten Mal. Die kleine Geselligkeit am Hafen ist der Dank des offiziellen Wismar an die Helferinnen und Helfer des »Schwedenfestes«, das seit einigen Jahren in Wismar gefeiert wird. Wismar war bis 1903 schwedisch, heute ist es eine blühende deutsche Stadt, eine mit Erfolgsbilanz und Optimismus.

Das offizielle Wismar erscheint um 16 Uhr in Gestalt der Bürgermeisterin. Rosemarie Wilcken übt ihr erstes öffentliches Amt seit 1990 aus. 20 Jahre werden am Ende aus den vier Jahren geworden sein, die sie sich ursprünglich einmal vorgenommen hatte. 2002 ist sie mit triumphalen 79 Prozent wiedergewählt worden, 2010 wird sie ausscheiden. Heute Nachmittag hält sie eine kleine, launige Rede, erwähnt diese und jenen, geht von Tisch zu Tisch, man freut sich über die Chefin und lästert ein bisschen über den Druck, den sie stets verbreitet: Das Schwedenfest in diesem Sommer war schön, das nächste muss noch besser werden!

»Jaja«, sagt die Bürgermeisterin, »ich weiß, dass ich viel verlange. Aber nie mehr als von mir selbst.« Wilcken, die blonden Haare hochgesteckt, von einer Gestalt, die man für kräftig oder robust oder mütterlich oder für das alles zugleich halten kann, Ärztin, Ehefrau, Mutter – diese Frau verlangt was: von sich, von anderen, vom Leben.

»Nein, das konnte ich nicht!«, antwortet sie ganz entschieden auf die Frage, warum sie denn nach 1989 nicht geblieben sei, was sie schon war: eine Hausärztin, die ihren Beruf liebt, die in der ganzen Stadt bekannt ist und darin die Erfüllung findet, die ihr das Elternhaus als Lebenssinn mit auf den Weg gegeben hat. Wilcken ist nämlich in einem evangelischen Pastorenhaushalt groß geworden. »In diesem Umfeld wächst man halt öffentlicher auf. Es sind immer andere Menschen da, es wird angeklopft. Leute, die aus Pfarrhäusern kommen, sind immer sehr zugewandt und offen.« Sie hätte sich vorstellen können, auch selbst Pastorin zu werden, aber in ihrer Generation sei das doch noch schwierig gewesen: Frau und Pastor. »Da habe ich eben Medizin studiert.« Eine Nische habe sie da erwischt. Denn Ende der 1960er-Jahre wurde der Arzt in der DDR zum Frauenberuf. Psychologie hätte sie noch lieber studiert, aber das ist nicht drin bei ihrer Herkunft.

Ihr Elternhaus ist nicht nur christlich, sondern auch politisch. Und es ist klar: Das System DDR wird abgelehnt. Die Pfarrerskinder spielen Bundestag. Die Nachteile und Einschränkungen für die Pfarrersfamilie werden – jedenfalls zum Teil – aufgewogen. Denn über die Kirche gibt es eine gewisse Durchlässigkeit für Bücher und Nachrichten aus dem Westen. Der größere Teil der Familie lebt im Westen, die Großmutter in Westberlin, in Wilckens Kindheit konnte man noch reisen. »Ich bin innerlich eher in der Bundesrepublik aufgewachsen als in den Strukturen Ostdeutschlands.«

Die DDR, sagt sie heute, brauchte ja für alles eine Art Statistik: so viele Arbeiterkinder, so viele Bauernkinder – und eben einige abweichende Biografien. »Die staatlichen Organe haben den Zugriff auf die Kinder der Pastorenfamilie nie so richtig gewagt. Mich hat nie einer für die Pioniere oder die FDJ geworben. Es war ja klar, dass ich da nicht eintrete.« Doch früh wussten diese Kinder auch, wo die Grenzen verlaufen. »Schizoid«, nennt Wilcken ein Verhalten, das auch ihre Töchter noch lernen mussten. Die kommen in den 80er-Jahren aus dem Kindergarten mit der Erkenntnis nach Hause: »Also Opa, deine Lieder taugen nicht für unseren Kindergarten.«

Ihre Westverwandtschaft, sagt Wilcken, habe ihr manchmal vorgehalten, wie gradlinig bei ihr doch alles verlaufen sei: Grundschule, erweiterte Oberschule, Studium, Beruf. »Ich muss sagen, ich hatte immer ein bisschen Glück.« In der siebten und achten Klasse schneidet sie bei der Mathematik-Olympiade als bestes Mädchen ab: Der Weg ist frei zur erweiterten Oberschule. Als sie Abitur macht, werden für das Medizinstudium Frauen dringend gesucht. Und so führt der Weg direkt zur angestellten Ärztin in Wismar. Wilcken sitzt nicht in der Poliklinik, damit die Leute zu ihr kommen. Wilcken wird Hausärztin, eine, die dahin geht, wo die Menschen leben.

Deshalb also konnte sie 1989 nicht anders. Auf die Frage der anderen, warum sie nicht im oppositionellen Milieu gewesen sei, müsse sie zugeben, dass sie sich nicht zum Märtyrer eigne. »Aber wenn es dann wirklich die Möglichkeit gibt, sich zu engagieren für innere Überzeugungen, dann muss man das tun!« Schon als Kind wollte Rosemarie in die SPD. Bei der zweiten Veranstaltung der Sozialdemokraten, am 7. Oktober 1989, geht sie hin und erklärt: Hier trete ich ein. Sie erhält den Mitgliedsausweis mit der Nummer 4.

Rosemarie Wilcken kandidiert im März 1990 auf der Landesliste für die Volkskammer. Auf die Liste ist sie gekommen, weil es jemand machen musste, und Wilcken ist bekannt in der ganzen Stadt. Sie wird nicht gewählt: »Damit war meine politische Karriere eigentlich zu Ende.« Aber dann kommt die Kommunalwahl und es findet sich kein Bürgermeister, genauer: kein Spitzenkandidat für die Kommunalwahl. Die Verlegenheit ist groß und das Argument einiger Genossen bestechend: Wer in die Volkskammer wollte, kann sich bei der Kommunalwahl ja wohl nicht drücken. So wird es Wilcken. Die ersten Interviews ihres Lebens bewältigt sie, indem sie aus kommunalpolitischen Programmen vorliest. Diese Wahl gewinnt die SPD; der CDU-Spitzenkandidat ist übrigens ein Freund des Hauses Wilcken.

Als die gewählten Abgeordneten zum ersten Mal zusammenkommen, stellt sich heraus, dass es so nun doch nicht gemeint war: Spitzenkandidatin gleich Bürgermeisterin. Jetzt finden sich noch andere Interessenten. Rosemarie Wilcken: »Aber bei solchen Sachen gebe ich nicht nach.« Sie findet es nicht richtig, dass mit ihrem Konterfei die Stimmen geworben werden und dann ein anderer Kopf nach vorn soll. Die Genossen machen einen Deal. Die Spitzenkandidatin bewirbt sich im ersten Wahlgang für das Bürgermeisteramt, geht es schief, kommt im zweiten ein anderer zum Zuge. Wohl in der Hoffnung, dass es schiefgeht. »Doch es klappte gleich beim ersten Wahlgang.«

Im Juli 1990 gibt Wilcken den Beruf auf, ist Bürgermeisterin und wird Vollzeitpolitikerin für vier Jahre, wie sie meint. »Und dann habe ich in Monaten gerechnet, und zeitweise in Wochen und manchmal nur noch in Tagen.« Die DDR wird abgewickelt und mit ihr Betriebe, Arbeitsplätze, Menschen. Aus Volkseigentum wird Privateigentum, die HO-Angestellten stehen vor dem Rathaus, die Versorgungsstrukturen brechen zusammen. »Der Staat fiel weg und alle Probleme kamen auf die Kommune zu.«

Als Rosemarie Wilcken Bürgermeisterin wird, hat die Volkskammer gerade eine Woche zuvor die neue Kommunalverfassung beschlossen – in Wismar gibt es kein Exemplar, in dem man nachlesen könnte. Sie hat wieder ein Quäntchen Glück, denn aus Lübeck kommt ein pensionierter Senator, ein Sozialdemokrat, der die anderen Parteien aber gleich mit berät. Für Parteienstreit ist ohnehin nicht die Zeit, im ersten Jahr lernen und arbeiten die neuen Mandatsträger Schritt für Schritt gemeinsam. Intuitiv arbeitet Wilcken nicht mit Beratern aus dem Westen, die nach sechs Monaten wieder verschwinden, sondern wirbt um junge Leute aus den westlichen Ländern, die langfristig in Wismar bleiben. Die gleiche Intuition rät ihr zur Vorsicht, als, wie sie sagt, »mit der zweiten Welle« die Geschäftsleute in den Osten kommen. Die erklären die Bürgermeisterin für die Tüchtigste, winken mit großen Investitionen und schnellen Erfolgen und mit Verträgen, die die Frau Bürgermeisterin doch, bitte schön, hier schon mal gegenzeichnen soll. »Wenn man zwei- oder dreimal so eine Begegnung hatte, dann wird man sehr, sehr vorsichtig.«

Den Versuchungen des schnellen Erfolgs widersteht Wilcken in dieser Zeit auch deshalb, weil sie die innere Freiheit hat, jederzeit aufhören zu können. »Du hast einen Beruf, du hast eine Familie. Wenn du scheiterst, dann hätte das nicht meine Ehre verletzt.« Doch vier Jahre vergehen in solchen Zeiten besonders schnell. Das Amt, die Stadt, die Verantwortung – »das wandelt sich zur Lebensaufgabe, zum Lebenswerk, und da geht man dann mit dem Scheitern nicht mehr so locker um. Das wird einem dann auch manchmal sauer.«

Niederlagen, die hat sie erlebt, aber sie weiß: Die hat man in anderen Berufen auch. »Ich bin so getrieben worden«, sagt sie. Wenn eine Sache gerade geschafft ist, geht die nächste schief. Das hältst du noch durch, sagt sie sich bei solchen Gelegenheiten. Und wenn sie es durchgehalten hat, taucht ein neues Ziel auf, für das es sich lohnt. Doch »man muss lernen: Du bist nicht persönlich gemeint«.

Viele Bürger und Bürgerinnen klagen die Kommune an, berechtigt, wie die Bürgermeisterin findet, weil die Wende viele gebrochene Biografien hinterließ. Menschen, die mit 50 Jahren ins Abseits gestellt sind. Doch sie kann auch als Bürgermeisterin nicht die Verantwortung für alle Schicksale in der Stadt übernehmen. Dass die Bürgermeisterin 2010 trotzdem mit einer Erfolgsbilanz abtreten wird, ist wahrscheinlich. Hafen, Infrastruktur, Wirtschaftsdaten – das alles ist nicht nur im ostdeutschen Vergleich mehr als vorzeigbar.

Die Bürgermeisterin ist stolz darauf, aber sie verschanzt sich nicht dahinter. Sie fühlt auch Defizite. Heute empfindet sie als den großen, entscheidenden Fehler des Neubeginns, dass alle politischen Kräfte unter den Zwängen der Marktwirtschaft das Entscheidende zu kurz kommen lassen haben: das Werben und Überzeugen für die Ideale von Freiheit, Demokratie und Recht. Sie sagt das gelassen. »Ich freue mich darüber, wie viel entstanden ist.« Doch was sie sich unter einer aktiven Bürgergesellschaft vorstellt, hat sie noch nicht erreicht. »Davon träume ich noch. Ja. Und zwei Jahre habe ich ja noch.«

TISSY BRUNS

1999: Die tüchtige Staatssekretärin aus Hessen in Hannover.

»Bei uns gab es keinen Unterschied zwischen Jungen und Mädchen.«

2008: Im Recht kein Unterschied zwischen Frauen und Männern.

Brigitte Zypries/SPD Justizministerin

Als Brigitte Zypries 2005 im Wahlkreis Darmstadt als SPD-Kandidatin für den Bundestag antritt und gewählt wird, sitzt sie längst im Kabinett. Seit 2002 ist sie Justizministerin; sie führt ein »klassisches« Ressort mit besonderem Einfluss. Selten steht ihr Ministerium mit Gesetzesvorhaben in vorderster Front, aber keins verlässt den Bundestag ohne Prüfung im Hause Zypries. Ohne Recht ist kein demokratischer Staat zu machen.

Früh übt sich, wer Ministerin werden wird. Brigitte Zypries absolviert im hessischen Kassel das ganze Programm: Klassensprecherin, Schulsprecherin, Stadtschulsprecherin, Landesschulsprecherin. Die Zeiten, die späten 1960er-/frühen 70er-Jahre, sind bewegt, viele stürmen die Barrikaden und gehen in linke und linksradikale Gruppen – von den Jusos bis zur KPD/ML. Andere entscheiden sich in dieser polarisierten Atmosphäre für die Junge Union oder den RCDS. Der wäre für Zypries auf keinen Fall in Frage gekommen, die linken Gruppen ziehen sie aber auch nicht an. Sie ist praktisch orientiert und an Veränderungen interessiert.

In ihrer Schulsprecherzeit kämpft Brigitte mit anderen um einen eigenen Raum für die »Schülermitverwaltung« und setzt ihn durch. »Danach haben wir die ganzen Herbstferien drangehängt, um den Raum zu streichen, Tische abzusägen und die Matratzen zu beschaffen, damit man sich da aufhalten konnte.« Matratzen mussten es damals schon sein, wenn die Schülermitverwaltung palaverte.

»Wir mussten beide alles machen, bei uns gab es keinen Unterschied zwischen Junge und Mädchen.« Sie wächst in einem Geschäftshaushalt auf, der Vater hat ein Fotolabor, die Mutter arbeitet mit. Ihr Bruder ist vier Jahre jünger; er lernt Wäsche waschen und ist dabei, beim Kochen am Wochenende. Am Samstag, dem »Werterhaltungstag«, muss in der Familie Zypries auch Brigitte unter Anleitung den Pinsel und den Schraubenzieher in die Hand nehmen, wenn Reparaturen im Haushalt fällig sind. Ihre Karriere ist ihr nicht an der Wiege gesungen: »Ich bin die Erste aus der Familie, die studiert hat.« Aber die Eltern sind mit ihrer Laufbahn sehr einverstanden; die Mutter erlebt noch, dass ihre Tochter Ministerin wird.

Zypries studiert in den 70ern Rechtswissenschaft in Gießen, auch als Studentin engagiert sie sich in der Fachschaft. Am Fachbereich Jura ist etwa ein Drittel der Studierenden weiblich. An den üblichen Sexismus jener Jahre erinnert Zypries sich nur schulterzuckend. Sie hat ihren ersten Job als Hilfskraft, als ein Professor »einen mäßig zotigen Witz« erzählt und dann sagt: »Oh, Entschuldigung, so etwas darf ich ja gar nicht mehr erzählen, hier ist ja jetzt eine Frau dabei.« Und sie kann dem Minderheitenzustand durchaus angenehme Seiten abgewinnen: »Das war ja irgendwie auch nett«, sagt die Ministerin lakonisch, »wenn man viele Jungs zur Auswahl hatte.«

Nach dem zweiten Staatsexamen 1980 arbeitet die Juristin bis 1985 als wissenschaftliche Mitarbeiterin an der Uni Gießen. Dann kommen die öffentlichen, politischen Stationen: Referentin in der hessischen Staatskanzlei unter Ministerpräsident Holger Börner, ab 1988 wissenschaftliche Mitarbeiterin im Ersten Senat des Bundesverfassungsgerichts. Sie ist ehrgeizig, aber immer ist auch Zufall im Spiel: Ihr Professor in Gießen hat Kontakt nach Wiesbaden, aus Karlsruhe wird sie angerufen, als die Stelle frei wird. Und so entwickelt und qualifiziert sich eine Juristin von Format.

Anders ist das 1990. Gerhard Schröder hat in Niedersachsen die Landtagswahl gewonnen, es kommt zum Regierungswechsel.

Zypries fühlt sich angezogen von der Aufbruchstimmung. Hannover, nicht schlecht zum Leben. In der Staatskanzlei, weiß sie, wird eine interessante Stelle frei. Sie bewirbt sich und sie kann auftreten: Erfahrung in einer Staatskanzlei und in Karlsruhe. »Die können mich schlechterdings nicht ablehnen, habe ich mir gedacht. Es waren ja auch Zeiten, in denen es einem Politiker unter einem gewissen Druck gut zu Gesicht stand, Frauen einzustellen.«

In der Tat, Gerhard Schröder, den sie vorher nicht persönlich kennt, entscheidet sich für Zypries. Im Januar 1991 fängt sie in Hannover an. Auf ihre Tätigkeit fällt der Zauber des Anfangs. Neue Regierung, die zweite rot-grüne Koalition überhaupt – Zypries macht »Nägel mit Köpfen« und tritt in die SPD ein, denn: »Wenn ich hier richtig arbeiten will, dann ist das hilfreich.«

Die Ochsentour, die Parteischiene, die für viele Frauen in der Politik das härteste Kampffeld ist, weil hier über Listenplätze und Posten entschieden wird, bleibt ihr weitgehend erspart: »Ich habe in meinem Ortsverein in sieben Jahren Hannover zwei Referate gehalten. Das war's.« Zypries wird in Schröders Staatskanzlei erst Referatsleiterin, dann Abteilungsleiterin.

Mit Schröder versteht sie sich, er schätzt sie und bereitet ihr den Weg in die Bundespolitik. Der Bundeskanzler der rot-grünen Koalition adelt Zypries mit einer gewaltigen Herausforderung. Sie wird Staatssekretärin im Innenministerium, unter Otto Schily. Der ist nicht nur ein Meister des politischen Eigensinns, Schily ist auch als Chef berühmt-berüchtigt. »Ich bin natürlich auch von ihm angebrüllt worden, das versteht sich. Aber Akten hat er nicht nach mir geworfen«, sagt sie lachend.

Die Hierarchie ist klar: Er ist der Minister, sie die Staatssekretärin. In solchen Konstellationen behauptet sich nur, wer früh klarmacht: bis hierher und nicht weiter. »Ich habe dann eben einfach den Hörer aufgelegt.« Das funktioniert.

Nach der Bundestagswahl 2002 wird sie Bundesministerin – auch infolge eines politischen Missgriffs einer anderen Frau. Ihre starke Amtsvorgängerin Herta Däubler-Gmelin, die erste »Quotenfrau« der SPD, hat bei Gerhard Schröder trotz ihrer Verdienste keine guten Karten. Als sie einen Fehler macht, feuert er die Unbequeme. Sie hatte in einer geschlossenen Versammlung ihrem berüchtigten Mundwerk freien Lauf gelassen und den US-Präsidenten Bush mit »Adolf-Nazi« in einen assoziativen Vergleich gebracht. Das ist das Aus für die verdiente Genossin. So schnell kann es gehen in der Spitzenpolitik.

In den folgenden Jahren wird Zypries' Amtszeit begleitet von den harten Themen nach dem Terroranschlag vom 11. September, vom Konflikt zwischen Bürgerrechten und Sicherheitsbedürfnis. Ihre Partner und Kontrahenten sind dabei immer wieder die Bundesinnenminister – mit Otto Schily in der rot-grünen und Wolfgang Schäuble in der schwarz-roten Koalition trifft sie auf Politiker von hohen Graden. Keine leichte Kunst und nichts für unsichere Naturen: Konflikte auszufechten und danach doch weiter zusammenzuarbeiten. Zumal, wenn die Öffentlichkeit die berühmten Innenminister immer eher am längeren Hebel sieht.

In Zypries' Zuständigkeit fallen aber auch viele Themen, die zu Unrecht als »weiche« bezeichnet werden. Die heimlichen Vaterschaftstests, die Rechte der nichtehelichen Mutter, das neue Unterhaltsrecht. Wenn man diese Themen mit den großen Rechtsreformen der 1970er-Jahre vergleicht, die der sozialliberalen Ära zu Ruhm und Ehre gereicht haben, könnte man sagen:

Zypries hat die Folgen der Emanzipation umzusetzen – und tut das nach Meinung von Frauenpolitikerinnen aller Couleur manchmal ohne Rücksicht auf Verluste. Auf Verluste der Frauen. Ihr Maßstab als Juristin ist eindeutig: Für Männer und Frauen darf es nur gleiches Recht geben. Schlechter als die geschiedene Mutter soll die nichteheliche nicht gestellt sein – aber sie weiß: Kein Gesetz aus ihrem Haus kann ausgleichen, dass Alleinerziehende und ihre Kinder es einfach schwerer haben. Und alleinerziehend sind und bleiben absehbar vor allem Frauen. Die Justizministerin reformiert das Unterhaltsrecht so, dass die berühmte Arztgattin den lebenslangen Unterhaltsanspruch verliert, wenn sie keine Kinder mehr zu versorgen hat. »Umgekehrt machen wir jetzt mit dem Versorgungsausgleich eine Reform, die mittelbar Frauen bevorzugt und Männer benachteiligt.«

Zypries, die sich nach Lage der Dinge zunächst darauf einstellt, nach der regulären Bundestagswahl 2006 ihr Amt zu verlieren, wurde erst 2005 Bundestagsabgeordnete. In Darmstadt wird 2005 ein relativ sicherer SPD-Wahlkreis vakant, und Schröders überraschender Neuwahlplan bringt die Genossen in Not. Die Darmstädter SPD hat nun nicht ein Jahr Zeit, um in Ruhe einen Kandidaten zu finden. »Die waren kalt erwischt, auf einmal hieß es Knall auf Fall: Im September wird gewählt.« Zypries nimmt Kontakt auf, fährt nach Darmstadt, man wird sich einig.

Ihr erstes Mandat. »Wahlkampf macht Spaß«, stellt sie fest. Die Erfahrung stößt sie auf einen Widerspruch, der sie anhaltend beschäftigt: Oft genug wird ihr bescheinigt, dass sie auch zu denen gehört, die das Volk verdrossen abschreibt: eine von denen, eine Politikerin. Aber die direkten Begegnungen im Wahlkampf verlaufen anders. Immer kommt nach einer Veranstaltung jemand an und sagt: Du bist ja so normal. Politischer Einsatz wird gelegentlich doch honoriert.

Auch nach der Wahl im September 2005 bleibt Zypries Ministerin. Die Kabinettsitzungen werden jetzt von einer Bundeskanzlerin geführt, und die macht es anders als ihr Vorgänger. Ob der Unterschied zwischen Angela Merkel und Gerhard Schröder typisch sei für den zwischen Männern und Frauen? Das bezweifelt Zypries. Für sie zeigen sich unterschiedliche Führungsstile. »Frank Walter Steinmeier würde eine Kabinettssitzung genauso leiten wie Frau Merkel.« Und wie würde sie die Sitzung leiten, wie Schröder? »Nein«, lacht Zypries, »aber ich würde auch schon mal sagen: Lasst es bitte nicht ausufern.« Sie beobachtet, dass Merkel auf Zeiteffizienz achtet: »Heute dauern Merkels Kabinettssitzungen auch keine zweieinhalb Stunden mehr. Jetzt sind wir auch oft nach einer Dreiviertelstunde fertig.«

Wenn aus ihrer Sicht überhaupt von männlichen Strukturen die Rede sein kann, dann nennt sie: Man muss viel Zeit opfern in der Politik. »Das habe ich mich schon oft gefragt: Wenn nur Frauen da wären, ob dann nicht alles knapper und kürzer, schlicht ergebnisorientierter laufen würde. Frauen müssen – und wollen – sich doch immer noch um so viel anderes kümmern. Ich find's gut, wenn jetzt manchmal auch Männer sagen: Also diese Sonntagstermine, müssen die wirklich sein?«

TISSY BRUNS

90 Jahre Frauenwahlrecht
Die turbulente Geschichte vom Kampf ums Stimmrecht

17. November 1918. Die Frankfurter Paulskirche platzt aus allen Nähten. So viele enthusiastische Frauen strömen in das geschichtsträchtige Gebäude, dass es Schlagzeilen in der Weltpresse macht. Allen voran meldet Jus Suffragii, die in London erscheinende International Woman Suffrage News des »Weltbundes für Frauenstimmrecht«, die Sensation: »The German Revolution in the first days of its glorious victory has announced equal citizen and economic rights for both sexes, and thereby given the women the vote for all corporate bodies. In Frankfurt women held an overwhelming mass demonstration in the Paulus Church to celebrate this triumph.«

Nur einen Tag nach Kriegsende erhielten die deutschen Frauen das Stimmrecht. Und diesen Triumph, so Jus Suffragii, feierten sie mit einer »überwältigenden Massendemonstration«. Es ist ein Triumph, für den sie ein halbes Jahrhundert lang – und bis zur letzten Minute – gekämpft hatten.

Erst fünf Tage zuvor, am 12. November, hatte die provisorisch eingesetzte Regierung in ihrem »Aufruf des Rates der Volksbeauftragten an das deutsche Volk« die Anerkennung der Frauen als vollwertige Bürgerinnen verkündet. Sie hatten in Sachen Bürgerrechte bis dato mit Minderjährigen und geistig Behinderten auf einer Stufe gestanden. Ab nun galt: »Alle Wahlen zu öffentlichen Körperschaften sind fortan nach dem gleichen, geheimen, direkten, allgemeinen Wahlrecht aufgrund des proportionalen Wahlsystems für alle mindestens 20 Jahre alten männlichen und weiblichen Personen zu vollziehen.«

Nachdem die Jubelfeiern, die auch in München, Hamburg, natürlich Berlin und überhaupt in ganz Deutschland stattfinden, abgeklungen sind, macht sich emsige Betriebsamkeit unter der weiblichen Wahlbevölkerung breit. Denn sie, die man so lange von den Wahlurnen ferngehalten und eingelullt hatte mit der Behauptung, das politische Geschäft widerspreche ihrer »natürlichen Bestimmung«, sind nun wild entschlossen, mit größtmöglicher Kompetenz von ihrem Recht Gebrauch zu machen.

»Eine Wandlung hat sich im Weltall vollzogen wie nie zuvor: Frauen Deutschlands, Ihr werdet als gleichberechtigte Bürgerin dieses Staates gelten!«, jubelt Minna Cauer in ihrer Zeitschrift Die Frauenbewegung und appelliert »An die Frauen Deutschlands«:

»Eine konstituierende Nationalversammlung ist in Vorbereitung. Ihr könnt mitwählen! Bereitet euch würdig dafür vor. Es hängt der ganze Aufbau des Deutschen Reiches davon ab, daß im Sinne der Freiheit und des Rechts für die Neugestaltung unseres Landes die Besten unseres Landes in dieser konstituierenden Versammlung vertreten sind. Frauen Deutschlands, Ihr werdet alle gerufen! Seid Mitarbeiterinnen, Helferinnen, Kämpferinnen für eine neue Zeit!«

Die Frauen lassen sich das nicht zweimal sagen. »Kein Saal in den Großstädten ist groß genug, um die Massen der Frauen zu fassen, die sich politisch unterrichten wollen; in allen Kreisen und Berufen, auf dem Lande und in der Stadt wird jetzt von Frauen Politik getrieben, und alle Kreise der Frauen sind erfüllt von brennendem Drange, ihr Wahlrecht auszuüben«, berichtet Die Frau im Staat. Die Herausgeberinnen Anita Augspurg und Lida Gustava Heymann, zwei der kühnsten Streiterinnen für das Frauenstimmrecht, prognostizieren: »Es steht heute schon fest, daß die Beteiligung der Frauen bei den Wahlen sehr groß sein wird.« Sie werden recht behalten. Wobei »sehr groß« eigentlich ein viel zu kleines Wort für das ist, was sich einige Wochen später zutragen wird.

In ihrer Radikalität waren sie beispielhaft für die Frauenrechtlerinnen der ganzen Welt: die englischen Suffragetten. Nachdem sie jahrelang vergebens appelliert und argumentiert hatten, schritten sie zur Tat – und Vater Staat schlug zurück.
Das Foto rechts zeigt den Moment, als Emily Wilding Davison sich beim königlichen Derby aus Protest gegen das verweigerte Frauenstimmrecht vor die Pferde stürzt.

CRUSADERS
$5000

Möbel

Auch deutsche Frauenrechtlerinnen gehen für das Frauenstimmrecht auf die Straße: links 1911 in Berlin, Mitte eine »Frauenstimmrechtsfahrt« 1912 in München. Das Foto unten wurde am 12. Juni 1904 anlässlich der Gründung des »Weltbundes für Frauenstimmrecht« in Berlin gemacht. Zweite von links stehend: Minna Cauer; rechts stehend Lida G. Heymann und Anita Augspurg; vorne in der Mitte die legendäre amerikanische Susan B. Anthony.

19. Januar 1919. Erstmals dürfen deutsche Frauen wählen.

Am Wahlsonntag, dem 19. Januar 1919, werden 82 Prozent der deutschen Frauen ihren Stimmzettel in die Urnen werfen! Die Wahlbeteiligung der Bürgerinnen, denen man stets unterstellt hatte, kein Interesse an der komplizierten Welt der Politik und auch keine Ahnung davon zu haben, liegt damit genauso hoch wie die der Bürger. Unter den jungen Frauen ist der Andrang zu den Wahllokalen sogar höher als der ihrer männlichen Altersgenossen: 80 Prozent aller 20-jährigen Wählerinnen geben ihre Stimme ab, aber nur knapp 60 Prozent aller gleichaltrigen Wähler.

Kurzum: Die Wahlbeteiligung der Frauen ist nicht nur sehr, sie ist phänomenal groß. Die absolute Zahl der Frauen an den Wahlurnen ist sogar höher als die der Männer, von denen nach vier Kriegsjahren Millionen tot auf den Schlachtfeldern oder verwundet in den Lazaretten liegen. Und so wählen an diesem historischen Tag 15 Millionen Männer – und 17,7 Millionen Frauen – die erste demokratische Nationalversammlung Deutschlands.

19. Februar 1919. Die weiblichen Abgeordneten. Unten Marie Juchacz.

»Ihr Wunsch, ihre Stimme abzugeben, war so groß, daß die Frauen in langen Schlangen auf Einlaß warten mußten«, schreibt Jus Suffragii nicht ohne Stolz. Die Fotos von jenem Sonntag zeigen ein schwarz-weißes Meer von Hüten, das sich durch die Straßen windet. Damenhüte mit Schleifen, Pelzbesatz oder Blumenschmuck. Dazwischen gelegentlich ein Herrenhut. »In Scharen« seien die Wählerinnen herbeigeströmt und hätten »von früher Morgenstunde an ganze Straßenzüge entlang vor den Wahllokalen ›Polonaise‹ gestanden«, berichtet Die Frauenfrage, das Zentralblatt des »Bundes Deutscher Frauenvereine«. »Auf den alten und jungen Frauengesichtern« hat Frauenrechtlerin Marie Stritt »etwas von einer neuen Würde und Sicherheit« beobachtet, »von einem

neuen Selbstbewußtsein und bescheidenen Bürgerstolz: Auch auf mich kommt es heute mit an! Auch ich darf mitreden, wo es um Wohl und Wehe des Vaterlandes geht!«

Aber nicht nur die neuen Wählerinnen strahlen stolz. Stritt: »Ein neuer Ausdruck lag auch auf dem Gesicht so manches ehrsamen Wählers, der an der Seite der Gattin oder der erwachsenen Tochter dem Wahllokal zustrebte, ein Ausdruck von kameradschaftlicher Hochachtung, wie sie bisher, zumal an solchen Tagen, nur dem eigenen Geschlechtsgenossen entgegengebracht wurde.« Lange, sehr lange hatten die Gattinnen und Töchter um diese »Kameradschaftlichkeit« ringen müssen, die Simone de Beauvoir 40 Jahre später im »Anderen Geschlecht« als Utopie und »Geschwisterlichkeit« bezeichnen wird.

Nur wenige Monate vor der Verkündung des Frauenwahlrechts hatte der Reichstag – wieder einmal – die Forderung nach dem Frauenstimmrecht mit großer Mehrheit als »unerhört« und »ungeheuerlich« abgelehnt. »Verweiberung« drohe, eine »Jungfernherrschaft« stehe zu befürchten, wenn der Staat von der »giftigen Frucht am Baume der Frauenemanzipation«, dem Frauenstimmrecht, koste, zeterte der »Deutsche Bund gegen die Frauenemanzipation« noch 1916. Die Politik bedürfe »männlicher physischer und geistiger Kraft« sowie »Entschlußfreudigkeit und unbeugsamen Todesmutes«; die Frau hingegen bleibe »im Kampf um das Dasein unter allen Umständen in gewissem Grade unfrei und vom Schutze und der Fürsorgc des Mannes abhängig«. Daher sei die Frau als vollberechtigte Staatsbürgerin ein »Widerspruch in sich«.

Die erste Frau, die, historisch verbrieft, uneingeschränkt gleiche politische Rechte auch für weibliche Bürger verlangt hatte, war Olympe de Gouges (1748–1793). Als im Zuge der Französischen Revolution 1789 die Deklaration der Menschen- und Bürgerrechte verfasst und zwei Jahre später von der Nationalversammlung angenommen wird, empört sich die Autorin gesellschaftskritischer Romane und Theaterstücke darüber, dass die Frauen, die während der Revolution gemeinsam mit ihren Kameraden Seite an Seite mit der Waffe in der Hand auf den Barrikaden gekämpft und ihr Leben riskiert hatten, nun von den eigenen Gefährten wieder aus dem politischen Leben verbannt werden sollten. Die »Déclaration des droits de l'homme et du citoyen« schloss tatsächlich die weiblichen Bürger aus.

In den Genuss der Freiheiten, die von nun an in der Republik herrschen, sollen nur männliche Bürger kommen. Für Bürgerinnen gilt nun wieder: »Eine Frau ist nur in ihrer Familie und im Haushalt am rechten Platz. Von allem, was außerhalb ihres Heimes passiert, braucht sie nur das zu wissen, was ihre Eltern oder ihr Ehemann für richtig halten, ihr mitzuteilen.« Wie bitte? Die Kampferprobten nehmen das nicht hin: In einem »Gesuch der Damen an die Nationalversammlung« protestieren sie: »Ihr habt erklärt, daß alle Menschen gleich sind. Ihr habt bewirkt, daß einfache Hüttenbewohner gleichberechtigt neben Prinzen gehen. Und doch duldet ihr alle Tage, daß 13 Millionen Sklavinnen die Ketten von 13 Millionen Tyrannen tragen.«

Wenige Tage später veröffentlicht die kühne Olympe de Gouges ihre »Déclaration des droits de la femme et de la citoyenne« – die »Erklärung der Rechte der Frau und Bürgerin«. Darin heißt es analog zur Männerrechtserklärung in Artikel I: »Die Frau ist frei geboren und bleibt dem Manne gleich in allen Rechten.« In Artikel VI fordert die Bürgerin de Gouges nichts Geringeres als das Wahlrecht für Frauen, die gleichberechtigte Teilhabe der Frauen an den politischen Gremien und Geschicken des Landes: »Das Gesetz muß Ausdruck des allgemeinen Willens sein; alle Bürgerinnen und Bürger müssen an der Gesetzgebung persönlich oder durch ihre Vertretung mitwirken. Das Gesetz ist das gleiche für alle: alle Bürgerinnen und alle Bürger, gleich in den Augen des Gesetzes, müssen gleichen Zugang haben zu allen Würden, Stellen und öffentlichen Ämtern, entsprechend ihren Fähigkeiten und ohne andere Unterschiede als die ihrer Tugenden und Talente.« Denn, so die sarkastische Begründung: »Warum sollte eine Gruppe von Menschen, nur weil sie schwanger werden können und sich gelegentlich unpäßlich fühlen, nicht die Rechte ausüben dürfen, die man niemals denen vorenthalten würde, die jeden Winter die Gicht plagt und die sich leicht erkälten?«

Der Mut dieser Frau, die nicht nur die Klassen-, sondern auch die Geschlechtergerechtigkeit fordert, wird den Trägern der Trikolore bald zu bunt. Am 3. November 1793 wird Olympe de Gouges als »Verräterin« zur Guillotine geschleift und geköpft, gemeinsam mit zahlreichen weiteren couragierten Frauen. Wenige Monate zuvor, im April 1793, hatte der revolutionäre Konvent definitiv beschlossen, dass »Kinder, Irre, Minderjährige, Frauen und Kriminelle kein Bürgerrecht genießen«.

In England hatte sich ein Jahr zuvor Mary Wollstonecraft (1759–1797) in ihrer »Vindication of the rights of woman« ihrer französischen Gefährtin im Geiste angeschlossen und ebenfalls die Bürgerrechte auch für das weibliche Geschlecht gefordert. Die Schriftstellerin und Übersetzerin, die heute als Englands feministische Pionierin gilt, hatte sich in ihrem Land zunächst einen Namen als Verfasserin der »Vindication of the rights of man« gemacht, in der sie allgemein die Errungenschaften der Französischen Revolution verfocht. 1792 aber erklärt Wollstonecraft in ihrer Schrift, die noch berühmter werden sollte als ihr Revolutions-Pamphlet: »Die Vernunft verlangt, daß die Rechte der Frauen geachtet werden, und schreit um Gerechtigkeit des Menschengeschlechts.«

Es sollte noch ein halbes Jahrhundert dauern, bis der frauenrechtlerische Funke auch auf die deutschen Kleinstaaten übersprang. Auch hier brodelt es inzwischen unter den Proletariern, die die Industrialisierung in die ersten Slums verschlagen hat, und den von Lehnsherren ausgesaugten Bauern; und auch das von Verarmung bedrohte Bürgertum rumort gegen die Vorherrschaft des Adels. Frauen aller Klassen jedoch sind schon qua Geschlecht entrechtet. Mit dem Eintritt in die Ehe verliert die »Jungfrau« alles: Ihr Besitz geht automatisch in den Besitz ihres Mannes über, der von nun auch an das »Recht auf die häuslichen Dienste der Frau« hat. Außerhäusliche Dienste, sprich: die Ausübung eines Berufs, kann er ihr untersagen. Allzu viele Berufe stehen Frauen ohnehin nicht offen, zu Gymnasien und Universitäten haben sie keinen Zugang.

Die Frauen unterstehen dem Gewaltmonopol des Patriarchen, ebenso wie die Kinder. Stirbt der Ehemann, wird die Witwe unter Vormundschaft gestellt. Frauen sind nicht erbberechtigt, sie dürfen vor Gericht weder eine Klage führen noch als Zeugin auftreten.

Sie haben keine Stimme – weder in der Ehe noch im Staat. Das alles gilt für die mittellose Näherin, die mit ihrer Heimarbeit ein Almosen verdient, ebenso wie für die bildungshungrige Bürgerstochter, die außer Stick- und Strickarbeiten nichts lernen darf.

Aber nun, in den aufrührerischen Zeiten des Vormärz und der Deutschen Revolution von 1848, die den Umsturz der Verhältnisse verheißen, melden Frauen sich zu Wort. Frauen wie Louise Dittmar, die Tochter eines gut betuchten Darmstädter Finanzbeamten, der die Familie die Ausbildung verweigert, während ihre acht Brüder studieren dürfen. Louise beklagt das »verkochte, verwaschene und verbügelte Leben der Frauen« und erklärt: »Der Vermählungsakt ist für das Weib nichts als eine Mundtotmachung.«

Dittmar, die erst nach dem Tod ihrer Eltern zu publizieren beginnt und später die politisch-philosophische Zeitschrift Die sociale Reform herausgibt, wagt es als erste deutsche Frau, das Stimmrecht für ihr Geschlecht zu fordern: »Die Gesetze können nur dann im Sinne derer abgefasst sein, für die sie bestimmt sind, wenn diese sich selbst dabei beteiligen, wenn diese selbst oder deren Vertreter unmittelbar von ihnen gewählt und unbedingt in ihrem Sinne handeln, ihrem Willen entsprechen. Ist dies nicht, dann ist der Vertreter Vormund, nicht Organ.«

Nicht nur Louise Dittmar hofft, dass die 48er-Aufstände, die flächenbrandartig das ganze Land erfassen, nicht nur den unteren Ständen, sondern auch ihrem Geschlecht endlich die verwehrten Rechte bringen werden. Aber sie muss die gleiche bittere Erfahrung machen wie ein halbes Jahrhundert zuvor ihre französischen Schwestern. Zwar hatten die Rebellen die Mitkämpferinnen zum ersten Höhepunkt des Vormärz, dem Hambacher Fest im Jahr

1832, noch ausdrücklich eingeladen: »Deutsche Frauen und Jungfrauen, deren politische Missachtung in der europäischen Ordnung ein Fehler und ein Flecken ist, schmücket und belebet die Versammlung durch eure Gegenwart!« Doch einmal das Ziel erreicht, bleiben die Herren lieber wieder unter sich. Im Mai 1848 tagte die ausschließlich von Männern gewählte Nationalversammlung in der Frankfurter Paulskirche ohne eine einzige weibliche Abgeordnete. Auch bei den Männern durften nur die sogenannten »Besitzenden« oder »Selbständigen« – also solche mit eigenem Hausstand – wählen, dazu gehörten jedoch immerhin etwa 85 Prozent der Männer.

Jetzt brachen sich Enttäuschung und Wut der Frauen Bahn. Viele von ihnen hatten schließlich – ganz wie die Französinnen – mit dem Gewehr in der Hand gekämpft. »Wohl spricht man viel von Freiheit für alle, aber man ist gewöhnt, unter dem Wort ›alle‹ nur die Männer zu verstehen«, höhnte Louise Dittmar und konstatierte bitter: »Die politische Stellung des Mannes dem Weibe gegenüber ist die des Patriziers zum Plebejer, die des Freien zum Sklaven.«

Und noch eine Frau protestierte öffentlich: »Wir Frauen sind ein Teil dieses Volkes«, erklärte Louise Otto, Herausgeberin der Frauen-Zeitung. »Wenn jetzt aber z. B. ein Wahlgesetz lautet: Alle mündigen Staatsangehörigen sind Wähler – die Frauen aber gleichsam durch eine schweigende Übereinkunft von diesem Recht ausgeschlossen sind, so heißt dies einfach, die Frauen für unmündig erklären.« Ihr Fazit: »Ein Recht, das jetzt den Unwissendsten im Volke zusteht, muss auch für das Weib da sein!«

Doch schon bald wird es wieder still um die 48er. Reaktionäre Kräfte machen einen großen Teil der Revolutionserfolge zunichte

1791 Die Erste: Olympe de Gouges.

und knebeln unliebsame Stimmen via Zensur. Etliche der RevolutionärInnen müssen das Land verlassen, so auch Mathilde Franziska Anneke, die, als »Flintenweib« verhöhnt, an der Seite ihres Mannes Fritz für die Revolution gekämpft hatte. Sie wird im amerikanischen Exil gemeinsam mit Susan B. Anthony und Elisabeth Cady Stanton schon bald die Frauenstimmrechtsbewegung in den USA gründen. Ihr Ziel: »Das Stimmrecht soll die Frauen ermächtigen, in allen öffentlichen Angelegenheiten mitzuzählen und in Fragen, die ihre eigenen, nächsten Interessen sind, als Ehe und Eherechte, Erziehung und Kindesrechte, ein endgültiges Wort mitzusprechen.«

Louise Ottos Frauen-Zeitung, in deren erster Ausgabe am 21. April 1849 sie die »Teilnahme der weiblichen Welt am Staatsleben« nicht nur zum »Recht, sondern zur Pflicht« erklärt hatte, fällt einem eigens für sie geschaffenen Gesetz, der »Lex Otto«, zum Opfer: Es untersagt Frauen die Leitung einer Redaktion. Im gleichen Atemzug wird es »Schülern, Lehrlingen, Weibern und Schwachsinnigen« verboten, politische Vereine zu gründen und Versammlungen abzuhalten.

Erst 16 Jahre später werden Frauen wieder zaghaft ihre Stimmen erheben. 1865 gründet Louise Otto, inzwischen verheiratete Otto-Peters, zunächst den »Leipziger Frauenbildungsverein« und organisiert im Oktober die erste deutsche Frauenkonferenz, aus

Die frühen Pionierinnen: Mary Wollstonecraft und Louise Otto.

der der »Allgemeine Deutsche Frauenverein« (ADF) hervorgeht. Der Verein fordert bessere Bildungschancen für Mädchen und das Recht auf Berufstätigkeit für Frauen, denen, wenn sie denn überhaupt arbeiten dürfen, nur eine Handvoll erzieherische Berufe wie Gouvernante oder Lehrerin offenstehen. Er engagiert sich für Mutterschutz und bessere Bezahlung. Das Frauenstimmrecht zu fordern, halten die Vereinsgründerinnen jedoch für verfrüht. Sie sind gebrannte Kinder. Und es wird noch über 40 Jahre dauern, bis organisierte deutsche Frauenrechtlerinnen es wieder wagen sollten.

Bis dahin verstoßen auch die ADF-Aktivistinnen nicht gegen die herrschende Ansicht von der gottgegebenen »Natur der Frau« (und des Mannes), die die Geschlechter als Gegenpole definiert: die Frau als fürsorgliche Mutter, der Mann als aggressiver Krieger; sie passiv, er aktiv; die Frau hegend und pflegend, der Mann forschend und kreierend; sie empfangend, er gebend; die Frau duldsam, der Mann drängend; sie Körper, er Geist. Es gilt selbst in den

Reihen dieser Frauenrechtlerinnen als unangebracht, einer Frau die Lenkung politischer Geschicke zuzutrauen. Schließlich ist sie ganz Herz, er aber ganz Verstand. Diese Geschlechterrollen wollen nun auch die einst so kühne Louise Otto-Peters und ihre neuen Gefährtinnen nicht (mehr) infrage stellen.

In dieser Zeit wagt es nur eine, das Unerhörte nicht nur still zu denken, sondern auch laut zu sagen: Hedwig Dohm. Mit beißendem Spott pariert die Ehefrau des Chefredakteurs der Satirezeitschrift Kladderadatsch die Attacken eines Paul Julius Möbius und dessen Abhandlung »Über den physiologischen Schwachsinn des Weibes«. Oder die Herablassungen eines Friedrich Nietzsche, der Frauen als »angenehme Hausthiere« bezeichnet und im Übrigen der Ansicht ist, der Mann müsse »das Weib als Besitz, als verschließbares Eigentum, als etwas zur Dienstbarkeit Vorherbestimmtes auffassen«. Oder die Erläuterungen des Mediziners von Bischof, der die Beinlänge der Geschlechter vermessen hatte, um zu beweisen, dass es nur dem Manne qua Biologie vergönnt sei, in die Welt hinauszuschreiten.

»Der Mann hat längere Beine als die Frau, bemerkt sehr richtig Herr von Bischof«, kontert Dohm 1872. »Ein Schlußsüchtiger könnte allenfalls daraus schließen, daß der Mann sich mehr zum Briefträger eigne als die Frau; ihr aber aus diesem Grunde die Fähigkeit zum Erlernen des Griechischen und Lateinischen absprechen zu wollen, ist mehr kühn als logisch gedacht. Die Stimmritze der Frau ist enger und ihr Kehlkopf kleiner, belehrt uns Herr von Bischof. Ich würde daraus die Thatsache erklären, daß bei Duetten er Tenor und sie Sopran singt. Der causale Zusammenhang aber zwischen der Stimmritze und dem Stimmrecht erhellt sich daraus für mich nicht.«

Da ist sie wieder, die Forderung nach dem Wahlrecht für Frauen, die nun Hedwig Dohm ein Vierteljahrhundert nach den Vormärz-Revolutionärinnen erneut erhebt. Für Dohm eine Selbstverständlichkeit. »Die Frauen haben Steuern zu zahlen wie die Männer, sie sind verantwortlich für Gesetze, an deren Berathung sie keinen Antheil gehabt; sie sind also Gesetzen unterworfen, die andere gemacht«, stellt sie fest und folgert: »Das nennt man in allen Sprachen der Welt Thyrannei, einfache, absolute Thyrannei. Sie mag noch so milde gehandhabt werden, sie bleibt Thyrannei. Die Frau besitzt wie der Sklave Alles, was man ihr aus Güte bewilligt.«

Die Verfasserin dieser deutlichen Zeilen ist bereits 41 Jahre alt und fünffache Mutter, als sie beginnt zu publizieren (zuvor hatte sie jahrelang unter dem Namen ihres Mannes, der Alkoholiker und arbeitsunfähig war, veröffentlicht). Als ältestes Mädchen unter insgesamt 17 Geschwistern hatte Hedwig früh zu spüren bekommen, was es bedeutete, dem weiblichen Geschlecht anzugehören. Während sie der überlasteten, hartherzigen und prügelnden Mutter helfen muss, den riesigen Haushalt zu bewältigen, dürfen ihre Brüder lernen. Vor der wissbegierigen Tochter sperrt die Mutter die Bücher in den verbotenen »Giftschrank«. Hedwig liest sie trotzdem. Ihre Sehnsucht nach Bildung ist immens und kann auch durch die Mädchenschule nicht gestoppt werden: »Gemäß der Anschauung, daß der Zweck der weiblichen Erziehung nicht die Entwicklung der Intelligenz, sondern die des Gemüts sei, wurde uns Wissenswertes nur in den minimalsten Dosen verabreicht.«

Dohms Radikalität speist sich nicht nur aus der permanenten Kränkung des Mädchens. Hinzu kommt, dass Dohm die Tochter eines jüdischen Vaters ist und unehelich zur Welt gekommen war, weil dessen Eltern die Mutter nicht standesgemäß scheint. Dohms Erfahrung als dreifacher Outcast – Frau, »Halbjüdin« und Uneheliche – hat nicht nur Nachteile, sondern auch den Vorteil der Ungebundenheit. Dohm erklärt, rund 100 Jahre vor Beauvoir, die angebliche »Natur der Frau« zum »durch soziale Bedingungen Gewordenen«, das Geschlecht zur »Privatsache« und Frauen zu »Ganzmenschen«.

1876 erscheint Hedwig Dohms viertes Werk »Der Frauen Natur und Recht«. In diesem Buch erklärt die inzwischen sehr populäre Autorin das Frauenwahlrecht zum Schlüssel der politischen Veränderungen und fordert es uneingeschränkt, ganz wie die Amerikanerinnen und Engländerinnen, die zu diesem Zeitpunkt bereits Frauenstimmrechtsvereine gegründet haben. »Für mich liegt der Anfang alles wahrhaften Fortschritts auf dem Gebiet der Frauenfrage im Stimmrecht der Frauen«, erklärt Dohm. »Die Gesetze sind gegen sie, weil ohne sie.«

Ein Jahr zuvor hatten auch die Sozialdemokraten auf ihrem Gothaer Parteitag den Antrag August Bebels, das Frauenstimmrecht in ihr Parteiprogramm aufzunehmen, abgelehnt. Dohm klagt die Herren Weltverbesserer an: »Klassen, die das Stimmrecht nicht üben dürfen, sind in der Gewalt der anderen Klassen, die es üben. Dieses Prinzip ist stets so einstimmig von allen liberalen Parteien anerkannt worden, dass die Verleugnung desselben den Frauen gegenüber schier unbegreiflich ist.« Und den in ihren Augen viel zu duldsamen Damen erklärt sie: »Ohne politische Rechte seid Ihr – Eure Seelen mögen vor Mitleid, Güte und Edelsinn überfließen – den ungeheuersten Verbrechen gegenüber, die an Eurem Geschlechte begangen werden, machtlos.«

Hedwig Dohm (1831–1919) war die radikalste deutsche Vordenkerin.

Die Herren sind außer sich und sparen nicht mit Häme. Aber auch die Damen sind von dieser Vision eines politisch vollständig mündigen weiblichen Geschlechts verschreckt. »Bei Erscheinen dieses Werkes wurde diese Frau mit Schimpf und Spott beworfen, und selbst Frauenrechtlerinnen der damaligen Zeit lehnten das Buch in seinen Tendenzen ab«, erinnert sich die Feministin und spätere politische Weggefährtin Dohms, Minna Cauer. Und in der Tat setzen Otto-Peters & Co., anstatt nun das große Ganze zu wagen, weiterhin auf eine demütige Politik der kleinen Schritte. »Frau Dohm ist gleich den Amerikanerinnen der Ansicht, dass

Auch Augspurg kandidierte 1919.

eine bessere Stellung der Frau in rechtlicher und sozialer Hinsicht nur dadurch zu erreichen sei, dass sie die politischen Rechte erhalte«, erklärte die Journalistin Jenny Hirsch nach Erscheinen des Dohm-Pamphlets. »Wir hingegen gehen von dem Grundsatz aus, durch eine bessere, gründlichere Erziehung des weiblichen Geschlechts, durch eine Ausbreitung der weiblichen Berufstätigkeit und eine Vertiefung der weiblichen Bildung schrittweise den Boden zu bereiten und das Gebäude auszuführen, für das alsdann das Frauenstimmrecht gleichsam die Krönung bilden würde.«

Und die einst so rebellische Louise Otto-Peters pflichtet bei: »Die Frau muß erst durch ihre Leistung, ihr ganzes Verhalten die Beweise erbringen, daß sie zur Übernahme dieser oder jener Arbeit, dieser Pflicht und dieses Rechts geeignet ist.« Auch die gemäßigte Frauenrechtlerin Helene Lange sekundiert: »Der Mörtel, der den Bund zusammenhält, ist die stille, unscheinbare, im Geist echter Aufopferung sich Tag für Tag vollziehende Arbeit; es ist der Geist der Liebe und Selbstverleugnung.«

Aber Hedwig Dohm lässt sich nicht einschüchtern. Und sie wird mit ihrer Forderung nicht mehr lange allein bleiben. Denn schon bald schließen sich der brillanten Vordenkerin weitere sogenannte »Radikale« an. 1888 gründet Minna Cauer in Berlin den Verein »Frauenwohl«. Der Name des Zusammenschlusses mag

Alle Parteien umwerben heftig die neuen Wählerinnen.

heute bieder anmuten, aber das täuscht. Er war vielmehr eine Kampfansage an all jene Frauenvereine, die sich mit ihren Wohltätigkeitsbasaren und ihrem Einsatz für Krankenpflege und gegen Alkohol dem »Gemeinwohl« verschrieben hatten.

Der Verein, der schon durch seinen Titel die Notwendigkeit einer Vertretung eigener Fraueninteressen kundtut, wird zur Urzelle der radikalen, also antibiologistischen Strömung der Frauenbewegung: Er ist die erste Frauenorganisation, die uneingeschränkte politische Rechte für Frauen fordert und jegliche »natürliche Bestimmung« der Geschlechter ablehnt. Die bedeutendsten Vertreterinnen der »Radikalen« werden Mitglied, darunter Deutschlands erste Juristin Anita Augspurg, die Sexualreformerin Helene Stöcker – und Hedwig Dohm. »Politische Rechte statt Wohlfahrt!« lautet das Credo. Folgerichtig fordert »Frauenwohl« das Frauenstimmrecht.

Jetzt kommt Dynamik in die Sache. Der Forderung, die bisher nur von Einzelnen auf dem Papier erhoben worden war, verleihen nun, in den 1890er-Jahren, immer mehr Frauen auf der Straße Nachdruck. Schon bald formiert sich der größte Frauenprotest, den das Land je erlebt hat. Er entzündet sich an dem neuen Bürgerlichen Gesetzbuch, das der Reichstag 1896 verabschieden will und das, zum Entsetzen der Frauen, vom alten »nur um Strohhalmesbreite entfernt ist«, wie Anita Augspurg wütend schreibt. Will heißen: »Wer sich auf den Boden der Gesetze stellt, kann unter deren Sanktion Person, Arbeitskraft, Vermögen seiner Gattin bis auf den Grad des Sklaventums ausbeuten.« Die Juristin Augspurg – die ihr Studium in Zürich absolvieren musste, da Frauen an den deutschen Universitäten noch nicht zugelassen waren – ruft ihre Geschlechtsgenossinnen in der 1895 von Minna Cauer gegründeten Zeitschrift Die Frauenbewegung auf: »Tretet einmüthig zusammen zum äußersten Kampf gegen den Entwurf des Bürgerlichen Gesetzbuches!«

Augspurg formuliert Protest-Petitionen und Gegenentwürfe, bombardiert damit den Reichstag und stellt sie auf Vortragsreisen durch das ganze Land den empörten Frauen vor. Der »Frauenlandsturm«, wie die Presse die Aktionswelle halb herablassend, halb bewundernd, tituliert, ist nicht länger zu ignorieren. Der Entwurf wird zur »nochmaligen Überarbeitung« zurückgestellt. Als aber der überarbeitete Gesetzentwurf am 21. Juni 1896 erneut vorgestellt wird – nachdem die Herren Abgeordneten zunächst demonstrativ lange und äußerst echauffiert über die Frage des Schadenersatzes bei Wildschäden durch Hasenfraß debattiert hatten –, erweist sich das »neue« Gesetz als das alte.

Jetzt reicht's! Innerhalb von zwei Tagen trommeln Augspurg und Cauer die Frauen zum Protest zusammen. Zu Tausenden treffen sie im Berliner Konzerthaus ein. Sie kommen angereist aus

Weimar oder Stuttgart, München oder Dresden. Es wird, so eine Beobachterin, »die großartigste Kundgebung der deutschen Frauenbewegung, welche die Hauptstadt des Reiches bisher gesehen«. Eins ist nun endgültig klar: Die Gesetze würden immer gegen die Frauen sein, solange nur Männer sie machten. Die verwitwete Minna Cauer erklärt: »Die Frau gehört nicht länger ins Haus. Sie gehört in dieses Haus: den Reichstag!«

Nun geht es Schlag auf Schlag. Im September 1896 findet in Berlin die erste Internationale Frauenkonferenz statt. Hunderte von Frauen aus aller Welt strömen in die Reichshauptstadt. Es kommen Ärztinnen, Landwirtinnen, Journalistinnen, Juristinnen, Künstlerinnen und eine leibhaftige Pastorin – manche sogar in Hosen. Und auch Kämpferinnen für das Frauenstimmrecht sind angereist. Suffragetten aus England, die längst rabiatere Methoden anwenden, und Stimmrechtlerinnen aus den USA, wo das Wahlrecht für Frauen in vier Bundesstaaten bereits durchgesetzt ist. Es kann also gelingen. Aber es bedarf größeren Drucks. Die anderen machen vor, wie es gehen könnte.

»In jeder größeren Stadt Englands und der Vereinigten Staaten bestehen Stimmrechtsvereine der Frauen. Nicht so in Deutschland«, hatte Hedwig Dohm schon 1876 geklagt. »Will die deutsche Frau, das immermüde Dornröschen, ewig schlafen?« Nein, das will Dornröschen nicht. Der Wecker hat geklingelt.

1899 gründen acht Frauenverbände den »Verband fortschrittlicher Frauenvereine«, der sich das Frauenstimmrecht auf die Fahnen und in die Satzung schreibt. Er soll das Gegenmodell sein zum »Bund deutscher Frauenvereine«(BDF), der als Dachverband der inzwischen zahlreichen Frauenorganisationen zwar mitgliederstark ist, aber den deutschen Suffragetten zu angepasst und zögerlich. Außerdem hatte der BDF abgelehnt, die, meist sozialdemokratischen, Arbeiterinnenvereine aufzunehmen. Offizielle Begründung waren die Vereins- und Sozialistengesetze, die Frauen eine »politische« Betätigung verboten. Man laufe Gefahr, dass die Vereine, die die Arbeiterinnen aufnähmen, verboten würden, hieß es. Die Radikalen hielten dagegen, dass es sich um einen Vorwand handle. Der Verband fortschrittlicher Frauenvereine jedenfalls lehnt »jede Trennung der bürgerlichen Frau von der Arbeiterin entschieden ab«.

Dabei ist auch das Verhältnis der Radikalen zur organisierten Sozialdemokratie nicht ganz ungetrübt. Zwar hatte der SPD-Parteitag 1891 das Frauenwahlrecht in sein Erfurter Programm aufgenommen, zwölf Jahre, nachdem August Bebel in seinem von Luise Otto-Peters beeinflussten Werk »Die Frau und der Sozialismus« erklärt hatte: »Was für die Arbeiterklasse recht ist, kann für die Frauen nicht unrecht sein.« Und noch im selben Jahr brachte Bebel einen Gesetzentwurf in den Reichstag ein, in dem er ein Wahlrecht »ohne Unterschied des Geschlechts« forderte. Es war die erste von etlichen parlamentarischen Initiativen der Sozialdemokraten pro Frauenstimmrecht, die von den anderen Parteien von klerikal bis national stets niedergestimmt wurden.

Dennoch: Auch viele Sozialdemokratinnen, allen voran Clara Zetkin, taten sich schwer, die Geschlechterfrage als ebenso wichtig zu erachten wie die Klassenfrage. »Wir haben nicht spezielle Frauenagitation, sondern sozialistische Agitation unter den Frauen zu betreiben«, erklärte die SPD-Paradeemanze Zetkin. Zwar machte die Sozialistische Fraueninternationale unter Führung von Zetkin am 17. August 1907 in Stuttgart das Frauenwahlrecht zu ihrer Forderung. In der Resolution wird allerdings deutlich, worin die Genossinnen den Unterschied zwischen Frauen- und sozialistischer Agitation sahen: »Sein Hauptzweck ist je nach Klassenlage die volle rechtliche Gleichstellung des weiblichen Geschlechtes oder aber die soziale Emanzipation des Proletariats durch die Eroberung der politischen Macht zum Zwecke der Aufhebung der Klassenherrschaft und der Herbeiführung der sozialistischen Gesellschaft, die allein die volle menschliche Emanzipation des Weibes verbürgt.«

Generalsekretärin Zetkin: »Nicht die kleinlichen Augenblicksinteressen der Frauenwelt dürfen wir in den Vordergrund stellen, unsere Aufgabe muß sein, die moderne Proletarierin in den Klassenkampf einzureihen.«

»Welche Kurzsichtigkeit!«, erinnert sich rückblickend die Frauenrechtlerin Lida Gustava Heymann. »Hatten nicht jahrzehntelange Erfahrungen in allen Ländern gezeigt, daß die Masse der sozialdemokratischen Männer keineswegs gewillt war, die im Programm festgelegte Gleichberechtigung in der Praxis und am eigenen Herde zu betätigen?«

Und die autonome Feministin erinnerte daran: »Was deutsche Sozialisten wie Marx, Engels, Bebel u. a. – auch wenn man deren starren Marxismus ablehnt – durch ihre Schriften und ihre parlamentarische Tätigkeit zur Befreiung der Frauen beitrugen, wurde von der radikalen Frauenbewegung stets mit Dank anerkannt. Es ist geschichtliche Tatsache und festes Fundament der Frauenbewegung geworden. Das hindert aber nicht daran, daß die Masse der sozialdemokratischen Männer und Frauen in Deutschland, wie in anderen Ländern, für die bürgerliche Frauenbewegung keine Sympathie bekundeten, ihr eher feindlich gegenüberstanden.«

Hinzu kommt, dass einige Sozialdemokraten die potenziellen weiblichen Wähler als heikles Potenzial betrachten. Würden nicht viele Frauen aufgrund ihres kirchlichen und wohltätigen Engagements der katholischen Zentrumspartei zuneigen und die Sozialdemokratie Stimmen kosten? In Belgien hatten schließlich die Linken, als der Gesetzentwurf für das Frauenstimmrecht von den Konservativen eingebracht wurde, dagegen gestimmt.

Der »Verband fortschrittlicher Frauenvereine« vertritt darum entschieden den Standpunkt, dass die Frauenstimmrechtsbewegung eine parteipolitisch unabhängige und vor allem eigene Vertretung sein muss.

Von nun an meldet der Verband, dessen Mitgliedsorganisationen sich bald auf zwanzig erhöhen, sich pausenlos zu Wort. »Zu allen politischen Tagesfragen wurde in breiter Öffentlichkeit Stellung genommen, mochte es sich nun um Gesetzgebung, um Erhöhung von Kornzöllen, um Verteuerung anderer Lebensmittel durch Zuckerprämien, um Fleischeinfuhrverbot handeln oder, wie 1901 beim Chinakonflikt, um gewaltsame Schändung und sexuelle Mißhandlung wehrloser Chinesinnen durch europäische Soldaten«, berichtet Lida Gustava Heymann, die spätere Lebensgefährtin von Anita Augspurg.

Die engagierte Hamburger Patriziertochter, die als Tochter um ihre Erbschaft hatte prozessieren müssen und mit dem Geld Zufluchtshäuser für Prostituierte und Deutschlands erstes Frauenzentrum gegründet hatte, geriet bald durch eine weitere Aktion in die Schlagzeilen: den Steuerboykott. Denn nach der Hamburger Verfassung erhielt Bürgerrechte – und damit auch das Stimmrecht –, wer volljährig und nicht straffällig war, wer die Hamburger Staatsangehörigkeit besaß und ein Einkommen von 2.000

Mark versteuerte. Das alles traf auf Heymann zu. Sie beantragte also die Erteilung des Bürgerrechts.

Das Hamburger Standesamt beschied, dass »nur Staatsangehörige männlichen Geschlechts zugelassen sind und Ihrem Gesuche daher keine Folge gegeben werden kann«. Nun entspann sich ein höchst öffentlichkeitswirksamer Schriftverkehr zwischen der abgelehnten Bürgerin und den Behörden. Heymann argumentierte, dass der Ausschluss von Frauen schließlich nicht im Gesetz verankert sei. Und wenn, wie es in einem weiteren Schreiben hieß, »die Zulassung weiblicher Personen zum Bürgerrecht weder erfolgt noch beabsichtigt« sei, dann weigere sie sich eben jetzt folgerichtig auch, Steuern zu entrichten. Das Wahlrecht bekam Heymann zwar trotzdem nicht – und musste ihre Steuern letztlich zahlen –, aber sie hatte eins erreicht: Die Presse berichtete weit über Hamburg hinaus über den Fall.

Schon bald wurde die Hansestadt zum Tatort weiterer frauenstimmrechtlerischer Umtriebe. Heymann, Augspurg & Co. hatten sich Hedwig Dohms Ermahnungen durchaus zu Herzen genommen: »Wodurch aber erlangt ihr politische Macht?«, hatte die unerschrockene Pionierin gefragt. Und gab die Antwort gleich dazu: »Vorläufig einzig und allein durch die Concentration aller weiblichen Kräfte, die für die politischen Rechte der Frauen einzutreten bereit sind, durch die Organisation und energische Leitung von Vereinen.«

Als für Februar 1902 ein Internationaler Frauenstimmrechtskongress in Washington anberaumt wurde, fuchste es die Kämpferinnen, dass Deutschland nicht teilnehmen konnte, da es immer noch ohne einen einzigen Frauenstimmrechtsverein war. Was nicht nur der chronischen Dornröschen-Mentalität so vieler deutscher Frauenrechtlerinnen zu verdanken war, sondern auch den sexistischen Vereinsgesetzen, die immer noch in Kraft waren. Und so klügelt Juristin Anita Augspurg eine juristische Spitzfindigkeit aus: da das vergleichsweise liberale Hamburger Staatsrecht Frauen die Mitgliedschaft in Vereinen nicht ausdrücklich verbiete, könne man doch hier einen Frauenstimmrechtsverein gründen. Und kein Reichsgesetz, auch das hatte Augspurg herausgefunden, verbiete es Frauen, Mitglied in einem Verein eines anderen Bundesstaates zu werden. Gesagt, getan.

Am 1. Januar 1902 wird der erste »Deutsche Verein für Frauenstimmrecht« gegründet. »Es zeigte sich sehr bald, daß unzählige deutsche Frauen lediglich auf den Augenblick des Anstoßes gewartet hatten«, erzählt Lida Gustava Heymann in ihren Memoiren. »Selbst aus kleinen, gänzlich unbekannten Nestern liefen begeisterte Zustimmungen und Mitgliedsanmeldungen ein. Die radikale Frauenbewegung trat in eine neue Phase!« Und weiter: »In ganz Deutschland, im Norden und Süden, im Osten und Westen, von Memel und Königsberg bis an den Bodensee, Konstanz, Lörrach, Schopfheim, von Oldenburg bis Breslau, wurden Vorträge über Frauenstimmrecht gehalten.«

Aber auch auf der gegnerischen Seite lässt die Reaktion nicht lange auf sich warten: »Bald folgten Angriffe in der Presse«, schreibt Heymann. »Schon viel zu lange hätte man dem Treiben dieser radikalen Frauenrechtlerinnen tatenlos zugeschaut, es wäre höchste Zeit, daß man diese hysterischen Weiber, welche politische Gleichberechtigung forderten, endlich an die Kette legte.« Die »Hysterikerinnen« fühlen sich durch derlei Gezeter eher ermutigt: »Das belustigte uns natürlich ungemein und lieferte dankbaren Stoff zur Propaganda für unsere Sache.«

Zwei Jahre später findet eine Zusammenkunft historischen Ausmaßes in Berlin statt: Am 12. Juni 1904 gründen Frauen aus aller Welt den »Weltbund für Frauenstimmrecht«. Zwölf Länder treten der »International Woman Suffrage Alliance« bei: Neuseeland – das Frauen als erstes Land der Welt schon 1893 zumindest das aktive Wahlrecht gegeben hatte –, Ungarn, die Schweiz und Österreich haben keine nationalen Stimmrechtsverbände, sind aber mit einzelnen Mitgliedern vertreten. Mit Organisationen sind dabei: Norwegen, Dänemark, Schweden, Holland, Deutschland, England und natürlich die USA, wo die amerikanischen »Suffragettes« das Stimmrecht bereits in Wyoming, Colorado, Utah und Idaho erstritten hatten.

Die Weltbund-Gründerinnen sind außer sich vor Freude, dass sogar die Urmutter der amerikanischen Frauenwahlrechtsbewegung angereist ist: die 84-jährige Susan B. Anthony. Sie »genoß in Berlin dankbare Verehrung; wo sie sich zeigte, wurde sie mit Jubel begrüßt«, berichtet der Weltbund. »Als man ihr einen herrlichen Rosenstrauß überreichte, sagte sie in tiefster Bewegung: ›Als ich jung war, warf man mir Steine auf den Weg, und jetzt in meinem Alter reicht man mir Rosen.‹«

Susan B. Anthony hatte in dem halben Jahrhundert, in dem sie für das Frauenstimmrecht kämpfte, so manche bittere Erfahrung machen müssen. Zu den enttäuschendsten dürfte die Abfuhr gehört haben, die ihr die Bürgerrechtsbewegung im Jahr 1870 erteilte. Gerade hatten, nach Ende des Bürgerkrieges und Abschaffung der Sklaverei, auch Schwarze das Wahlrecht erhalten. Ein Sieg, an dem die Frauenstimmrechtsbewegung, die stets auch aktiv gegen die Sklaverei gekämpft hatte, maßgeblichen Anteil hatte. Umso bedrückender, dass nun die neuen schwarzen Bürger den Frauen erklärten, man sähe sich leider nicht in der Lage, das Frauenstimmrecht zu fordern. Schwarze wie weiße Amerikanerinnen würden noch ein halbes Jahrhundert, bis 1918, darauf warten müssen.

An diesem 12. Juni 1904 aber lässt Anthony es sich nicht nehmen, die Gründung persönlich zu leiten. Den Vorsitz des Weltbundes, den man ihr anträgt, lehnt sie aus Altersgründen ab. Als Leiterin des Bundes wird Carrie Chapmann-Chat gewählt, zur Stellvertreterin Anita Augspurg.

Schon zwei Jahre vor Gründung des Weltbundes gab es einen großen Erfolg zu bejubeln. In Australien, das gerade von der britischen Kolonie zum Mitglied des Commonwealth geworden war, erhalten Frauen das Wahlrecht! Vier Jahre später, 1906, folgt das erste europäische Land: Finnland, das sich ebenfalls vom Besatzer, in diesem Fall: dem zaristischen Russland, gelöst hatte. Eine neue Verfassung mit einem allgemeinen, gleichen Wahlrecht wurde beschlossen. Dass »gleich« in diesem Fall nicht nur den Stand, sondern auch das Geschlecht meinte, war keine Frage mehr: Schließlich hatten im Agrarland Finnland, in dem 90 Prozent der Bevölkerung von der Landwirtschaft lebten, die Frauen auf den Bauernhöfen stets die gleiche Knochenarbeit geleistet wie ihre Männer und sich in politischen Vereinen seit Jahrzehnten paritätisch engagiert. Als das Parlament im März 1907 in Oslo zusammentritt, sind von 200 Abgeordneten 19 Frauen, darunter Lehrerinnen und eine Schulleiterin, aber auch eine Näherin, eine Bäuerin aus Österbotten und die Sekretärin des Dienstmädchenverbandes, die 1926 Finnlands erste Ministerin werden wird.

Auch in Deutschland wird die Frauenstimmrechtsbewegung nun immer breiter. Angesichts der internationalen Erfolge springt endlich der gemäßigte Flügel auf den Zug auf: Der Bund Deutscher Frauenvereine ringt sich dazu durch, das Frauenwahlrecht offiziell zum Verbandsziel zu erklären. Lediglich der Evangelische Frauenbund tritt aus Protest aus, weil ihm die Forderung zu gewagt scheint. Neu gegründete Dachverbände wie der »Reichsverband für Frauenstimmrecht« bündeln die Kräfte.

Die Basis für die Bewegung ist da, aber sie bleibt gesittet. Zumindest im Vergleich zu den englischen Suffragetten. Die Frauen um Emmeline Pankhurst, die bereits 1872 im Alter von 14 Jahren ihre erste Frauenstimmrechtsversammlung besuchte, hatten längst britisches Understatement und Ladylikeness über Bord geworfen, mit dabei die Pankhurst-Töchter Sylvia und Christabel. Sie zertrümmern Schaufenster, entzünden Feuer in den Straßen, übergießen Briefkästen mit Säure. Sie bewerfen Premierminister Herbert Asquith mit Pfeffer und einer toten Katze. Höhepunkt der Auseinandersetzung: Emmeline Pankhurst wird wegen eines Bombenanschlags auf das Haus des Schatzkanzlers inhaftiert. Und die Suffragette Emily Davison wirft sich mitten im Derby vor das Pferd des Königs – und wird so zur Märtyrerin der englischen Stimmrechtsbewegung.

»Das Sturmzentrum des Kampfes, der vom Occident zum Orient, von Lappland bis Italien, von Kanada bis Südafrika ging, war damals England – die revolutionäre Bewegung der Suffragettes«, berichtet der Weltbund für Frauenstimmrecht. »Seit dem Jahre 1867, dem Gründungsjahre der englischen Frauenstimmrechtsvereinigung (National Union for Women's Suffrage), waren die Frauen mit zäher Energie für ihre Sache eingetreten. Sie hatten Petitionen mit 52.000 Unterschriften von Frauen aller Kreise im Unterhaus eingereicht. Entsprechende Gesetzesvorlagen waren im Parlament debattiert worden, aber passiert war nichts. Da fassten einige Frauen den Entschluss zu handeln. So kam die Bewegung der Suffragettes in Gang, von der die ganze Welt bald widerhallte. Diese Frauen baten nicht um eine Audienz bei den Ministern, sie erzwangen sie sich. Sie gingen sogar ins Gefängnis für ihre Überzeugung und traten in Hungerstreiks bis an den Rand des Todes.«

Im Frühjahr 1912 eskalierte der Kampf: »Am 1. März begaben sich Mrs. Pankhurst, Mrs. Marshall, Mrs. Tuke nach Downing Street und warfen dem Ministerpräsidenten sowie anderen Ministern Fenster ein«, berichtet die Zeitschrift für Frauenstimmrecht in ihrer ersten Ausgabe im April 1912. »Gleichzeitig wurden im Westend durch Suffragetten große Schaufenster zerschlagen. Da die Suffragettendemonstration erst für den 4. März angekündigt war, kam dies Vorgehen für die Polizei ganz unerwartet. Am 4. März wurde dann der wohlorganisierte Hauptschlag geführt: Zwischen ¾ 6 und ¼ 7 abends zerschlugen Hunderte von Frauen mit Hämmern für etwa 100.000 Mark Schaufensterglas im Westend und in der City.«

Lida Gustava Heymann und Anita Augspurg, die die Suffragetten mehrfach in London erlebt hatten, darunter auch eine Massendemonstration im Hyde Park mit 250.000 Teilnehmerinnen, sind beeindruckt: »Die englischen Suffragettes waren ein herrlicher Typus kampfesfreudiger, kompromißlos mutiger Frauen. Wir machten ihre künstlerisch wirkenden Farben – purpur, weiß und grün – zu den unsern, schmückten mit Banner und Fahnen unsere Säle. Wir versuchten, durch Musik und Gesang die Versammlungen stimmungsvoller zu gestalten. Anita Augspurg verfaßte eine Frauenstimmrechtshymne.«

Für die Reichstagswahlen im Herbst 1912 organisiert das Duo infernale, die Patriziertochter und die Juristin, eine spektakuläre Aktion. Am Wahltag marschieren Hunderte von Frauen in einem Dutzend Städten von München über Frankfurt bis Köln in die Wahlbüros und überreichen dem Wahlleiter folgende Erklärung: »Ich protestiere gegen meinen Ausschluß von der Reichstagswahl, da ich als deutsche Staatsangehörige über 25 Jahre aufgrund der bestehenden Verfassung wahlberechtigt bin. Wir Frauen wollen nicht nur die Pflichten dem Reiche gegenüber erfüllen, nämlich ihm die Bürger schenken, arbeiten und Steuern zahlen, wir fordern als Staatsangehörige auch unsere Rechte, nämlich die volle politische Gleichberechtigung.«

So mancher Wahlleiter befasst sich tatsächlich ernsthaft mit dem Inhalt des Protestschreibens und versichert der verhinderten Wählerin, es an den Reichstag weiterzuleiten. Einige händigen den Protestlerinnen gar Wahlscheine aus. Und auch etliche männliche Wähler solidarisieren sich und geben ihren Protest gegen den Ausschluss von Frauen bei der Wahl zu Protokoll.

Im September desselben Jahres geht es weiter. »Im September 1912 veranstalteten wir in München die erste Frauenstimmrechtsfahrt, die ungeheures Aufsehen erregte«, berichtet Lida Gustava Heymann. »Zwölf von Rappen oder Schimmeln gezogene, mit Laubgirlanden, Fahnen und Plakaten geschmückte Wagen fuhren durch die Hauptstraßen, den einen zur Freude, den anderen zu Ärger und Spott. Viele Frauen, die keine Versammlungen besuchten, und Münchner Männer, die ihre Politik am Biertische trieben, erfuhren an dem Tage zum ersten Mal, daß Frauen aus ganz Deutschland das Stimmrecht fordern.« Im Berliner Reichstag bekennen sich nun auch die Liberalen zum Frauenstimmrecht. Die

Zeitschrift für Frauenstimmrecht konstatiert zufrieden: »Das öffentliche Leben Deutschlands steht zur Zeit mehr als je im Zeichen des Frauenstimmrechts.« Prompt erklärt der »Deutsche Bund gegen die Frauenemanzipation« das Frauenstimmrecht zum »nationalen Unglück«, dem »beizeiten gewehrt werden muß«. Denn: »Es steht zur Diskussion, ob der heutige Staat wie bisher von Männern und nach männlichen Grundsätzen verwaltet und regiert werden soll, oder ob man die Frauen zur Mitregierung heranziehen und ihnen damit einen Einfluß einräumen will, der sich leicht zur Vorherrschaft auswachsen und dem ganzen Staatsleben ein weibisches, kraftloses Gepräge geben könnte.«

Auf dem Spiel steht das Ewigmännliche, deshalb folgert der Bund: »Wer also das Frauenstimmrecht nicht will, darf die Emanzipation in Ehe, Familie und Beruf nicht zur Blüte kommen lassen.« Noch, hofft mann, sei allerdings »eine Rettung möglich«. Dieser fromme Wunsch wird sich als falsch erweisen. Apropos fromm. Auch der Papst meldet sich nun zu Wort und verkündet seinen weiblichen Schäfchen: Frauen, »die an der Gesetzgebung teilnehmen wollten«, hätten »ihren Beruf verfehlt«. Und Kaiser Wilhelm II. höchstselbst erläutert seinen Untertaninnen, dass »die Hauptaufgabe der deutschen Frau nicht auf dem Gebiete des Versammlungs- und Vereinswesens liegt, nicht in dem Erreichen von vermeintlichen Rechten, in denen sie es den Männern gleichtun können, sondern in der stillen Arbeit im Hause und in der Familie«.

Von Stille aber kann nun trotz der kaiserlichen Dienstanweisung nicht mehr die Rede sein. Doch kommt der geeinten Frauenstimmrechtsbewegung auf dem Höhepunkt ihrer Schlagkraft nun etwas in die Quere, das sie zunächst aufs Neue spaltet: der

Erste Weltkrieg. Die ganze Nation schwelgt in der Kriegseuphorie, auch Linke und Intellektuelle. Selbst unter der Mehrheit der Frauenrechtlerinnen macht sich der Nationalismus breit. Die Frau müsse nun dem Vaterlande beistehen und ihm dienen, heißt es. Jetzt gebe es Wichtigeres als das Wahlrecht für Frauen.

Die Gründerinnen des »Deutschen Verbandes für Frauenstimmrecht« können es nicht fassen, dass der Verband »für sein ganzes Vermögen Wolle kaufte und seine Mitglieder veranlaßte, für die ›Schützen des Vaterlandes‹, die Soldaten, zu stricken!«. Als aktive Pazifistin und Internationalistin hatte Lida Gustava Heymann als Erste ihre Stimme gegen den Krieg erhoben, diesen »Kulminationspunkt männlicher Raff- und Zerstörungswut«, und veröffentlicht Anfang September 1914 mitten in der Kriegseuphorie in der Frauenbewegung einen Artikel gegen dieses »größte Verbrechen«. Heymann wird Mitbegründerin der »Internationalen Frauenliga für Frieden und Freiheit«.

Die Radikalen, die den kriegerischen Männlichkeitswahn ebenso ablehnen wie die kriecherische Weiblichkeitsdemut, treten aus dem »Verband für Frauenstimmrecht« aus und gründen den »Deutschen Frauenstimmrechtsbund«. Der torpediert auch in Kriegszeiten weiterhin den Reichstag sowie Landtage und Gemeinden mit Petitionen. Inzwischen haben in Europa, nach Finnland, auch Norwegen, Dänemark, Island und Estland das Frauenstimmrecht eingeführt.

Einerseits schwächt der Krieg die Frauenstimmrechtsbewegung. Andererseits besetzen immer mehr Frauen jene Arbeitsplätze, die früher angeblich nicht ihrer Natur entsprachen. Jetzt, wo sich die Männer auf den Schlachtfeldern gegenseitig niedermetzeln, lenken Frauen Straßenbahnen und Unternehmen, sie arbeiten als Ärztinnen oder Müllfahrerinnen. 1915 überschreitet mit 4,6 Millionen die Zahl der erwerbstätigen Frauen gar die der Männer um einige Hunderttausend.

Und so kommt es, dass der Reichstag am 17. Januar 1916 ein Gesuch des Frauenstimmrechtsbundes, den Frauen nach Kriegsende endlich das Wahlrecht zu erteilen, zum ersten Mal in der Geschichte des Deutschen Reiches nicht ablehnt, sondern dem Reichskanzler »als Material überweist«. Ohne Erfolg. Ein Jahr später wagen die Sozialdemokraten einen weiteren Vorstoß und argumentieren ebenfalls damit, dass die deutschen Frauen ihren Mann stünden: »Die Entrechtung der Frauen stammt aus der Zeit, in der man die Frauen ins Haus verwies. Wären sie jetzt darin geblieben, stünde es schlimm um uns.« Doch der Verfassungsausschuss, der nun über den Antrag entscheiden soll, lehnt mit den sattsam bekannten Argumenten ab: Die Frau gehöre »nicht in die Öffentlichkeit«, in der Familie würde das Frauenwahlrecht »die merkwürdigsten und bedauerlichsten Folgen haben« und: »Hausfrauen und Mütter dürfen und können der politischen Betätigung nicht nachgehen, ohne ihre Familienpflichten zu verletzen«.

Es erweist sich, dass das Frauenwahlrecht offenbar nicht erreichbar ist ohne eine fundamentale Umwälzung des gesamten politischen Systems. Die passiert im November 1918. Die Novemberrevolution tobt, der Kaiser dankt ab und flieht nach Holland, die Weimarer Republik steht vor den Toren. Und damit auch das Frauenwahlrecht?

Die deutschen Suffragetten bleiben skeptisch. Sie schließen sich in diesen Revolutionstagen, in denen in Berlin, Hamburg und München »bedeutende große Kundgebungen zum Frauenstimmrecht« stattgefunden haben, noch einmal in einem letzten Kraftakt zusammen, um am 4. November 1918 eine gemeinsame Resolution zu verabschieden: »Die Versammlung erklärt die politische Rechtlosigkeit der Frauen für unvereinbar mit einer demokratischen Regierung. In allen Fragen wirtschaftlicher, sozialer und politischer Natur in gleichem Maß beteiligt wie die Männer, in allen Fragen des eigenen Geschlechts, des häuslichen und Familienlebens, wie in erster Linie als Sachverständige haben sie in gleichem Maße wie die männlichen Volksgenossen an den Lasten für die Gesamtheit zu tragen. Es geht daher nicht an, ihnen als dem größeren Teil des Volks in einem Volksstaat die entsprechenden bürgerlichen Rechte zur Mitberatung und Mitbestimmung in allen öffentlichen Angelegenheiten noch länger vorzuenthalten.« Sie unterzeichnen (fast) alle: Marie Juchacz für die SPD-Frauen, Helene Lange und Klara Mende für die Liberalen, Gertrud Hanna für die Gewerkschafterinnen sowie die Frauenrechtlerinnen Lida Gustava Heymann für den »Frauen-Ausschuß für dauernden Frieden«, Marie Stritt für den »Stimmrechtsverband« und Anita Augspurg für den »Stimmrechtsbund«. Nicht dabei: Vertreterinnen der kirchlichen Zentrumspartei und der Deutschnationalen Volkspartei (DNVP).

Am 12. November 1918 ist es so weit. In Berlin verkündet der Rat der Volksbeauftragten das aktive und passive Wahlrecht »für alle mindestens 20 Jahre alten männlichen und weiblichen Personen«.

Fünf Tage später werden die Frauen die Paulskirche stürmen, jenen Ort, an dem genau 60 Jahre zuvor die 1848er Nationalversammlung ohne sie getagt hatte. Sie feiern in der ganzen Republik »unter großem Jubel und unter enormem Zudrang« zu Zehntausenden die »Errungenschaft des Frauenstimmrechts«.

Glückwunschtelegramme von den Frauenstimmrechtsverbänden aus aller Welt werden eintreffen. Und schon bald werden die Schulungen beginnen, mit denen sich jene Frauen, die bis dato an die Mär ihrer Unfähigkeit zur Politik geglaubt hatten, fit machen für die Reichstagswahl. »Versammlungen über Versammlungen finden statt, Kurse werden zur Orientierung eingerichtet. Der ›Bund Deutscher Frauenvereine‹ hat für die Propaganda sowohl für ganz Deutschland und für Berlin verschiedene Kommissionen eingesetzt, die eifrig an der Arbeit sind«, berichtet Die Frauenfrage.

Rasch werden auch die Parteien, und zwar selbst die, die noch vor wenigen Wochen das Frauenstimmrecht mit den altbekannten Argumenten abgelehnt hatten, ihre weiblichen Wähler wärmstens umwerben. Der Verein »Frauenwohl« wird eine frühe Quotendebatte anheizen und in einer Petition an die Reichsleitung feste Listenplätze für Frauen fordern – und damit scheitern.

Und als am 19. Februar die erste Nationalversammlung der Weimarer Republik tagt, sind von 423 Abgeordneten 41 Frauen. Diejenigen, denen Frauen das Stimmrecht verdanken, Anita Augspurg und ihre Mitstreiterinnen, gehören, obwohl einige von ihnen kandidiert hatten, nicht dazu. Sie werden nicht gewählt. Zu radikal.

Eine der Abgeordneten, die Sozialdemokratin und spätere Gründerin der Arbeiterwohlfahrt, Marie Juchacz, hält als erste Frau in der deutschen Geschichte eine Rede in einem Parlament. Schon bei der Anrede »Meine Herren und Damen!« brechen einige der Herren in spöttisches Gelächter aus. »Es ist das erstemal, daß in Deutschland die Frau als Freie und Gleiche im Parlament zum Volke sprechen darf«, fährt Juchacz unbeirrt fort und verkündet, »daß wir deutschen Frauen dieser Regierung nicht etwa im althergebrachten Sinne Dank schuldig sind. Was diese Regierung getan hat, das war eine Selbstverständlichkeit: Sie hat den Frauen gegeben, was ihnen bis dahin zu Unrecht vorenthalten worden ist.«

An jenem Wahlsonntag schreiben Frauen Geschichte – Erfolgsgeschichte. Und sie wissen es. So berichtet Die Frau stolz: »Sonntag, 19. Januar. Der erste Wahlgang der Frauen. Ziel eines Jahrhunderts – Beginn eines Jahrtausends. Es ist schön und wie selbstverständlich: dieser Aufmarsch der Familien am Wahlbureau. Vater und Mutter und Töchter. Die kleinen Kinder laufen mit. Sie wollen sehen, wie Mutter wählt. Und eine Mutter sagt: Sie sollen ihr ganzes Leben an diesen Tag denken.«

CHANTAL LOUIS | EMMA 6/2008

Frauen wählen anders

Was alle Wahlanalysen verschweigen: der Gender Gap

28. September 2008. Bayern hat gewählt. Die CSU hat 17 Prozent verloren, die absolute Mehrheit ist perdu, die Kommentatoren sprechen von einem »Erdrutsch«. Dann folgt das übliche Ritual: die Wahlanalyse nach Wählergruppen. Die Grafiken, die Jörg Schönenborn gewohnt routiniert präsentiert, sind aufschlussreich. Wie haben Arbeiter im Unterschied zu Angestellten und Beamten gewählt? Sind Großstadtbewohner stärker zu den Freien Wählern abgewandert als Wähler in Gemeinden unter 5.000 Einwohnern? Sind die Christdemokraten auch bei ihrer Klientel über 60 Jahre in Ungnade gefallen?

Für die Parteien sind das hochinteressante Informationen, entnehmen sie ihnen doch, wie zufrieden oder unzufrieden einzelne Bevölkerungsgruppen mit dieser oder jener Partei sind. Und tunlichst werden sie von nun an die sich vernachlässigt fühlenden Gruppen stärker beachten. Und auch die vernachlässigten Gruppen sind zufrieden: Die da oben haben verstanden. Umso erstaunlicher, dass die Kluft im Wählerverhalten zwischen den am stärksten auseinanderdriftenden Gruppen mit regelmäßiger Gewissheit kein Thema ist: die zwischen Frauen und Männern.

Die Kategorie »Geschlecht« taucht in keinem dieser Säulen-, Torten- oder Kurvendiagramme auf, die an Wahlabenden so zahlreich präsentiert werden. Was mitnichten daran liegt, dass Männer und Frauen ohnehin mehr oder weniger das Gleiche wählen. Im Gegenteil: In kaum einer Bevölkerungsgruppe sind die Unterschiede im Wahlverhalten so groß wie zwischen den Geschlechtern. So haben zum Beispiel in Bayern 45 Prozent der männlichen Wähler bei der CSU ihr Kreuz gemacht, aber nur 42 Prozent der weiblichen Wähler. 15 Prozent der Bayern haben sich von Huber, Beckstein & Co. abgewandt – aber 19 Prozent der Bayerinnen.

Dramatisch wird der sogenannte Gender Gap, die Geschlechterkluft, wenn man die Kategorie »Alter« hinzuzieht: So hätte die CSU bei Männern über 60 mit 55 Prozent immer noch die absolute Mehrheit. Bei Frauen zwischen 33 und 44 Jahren jedoch würde ihr selbst eine Koalition mit der FDP nicht weiterhelfen, denn hier kommt sie gerade noch auf ein Drittel der Stimmen, nämlich 33 Prozent. Eine stolze Differenz von 22 Prozent!

Eigentlich eine Sensation. Erstaunlich, dass trotzdem niemand darüber spricht. Oder hat das Gründe? Stellen wir uns vor, Jörg Schönenborn und seine Kollegen hätten auch zum unterschiedlichen Wahlverhalten der Geschlechter ein oder gar mehrere aufschlussreiche Säulendiagramme parat.

Was dann? Ja, dann könnten Frauen durchaus auf die Idee kommen, dass ihr Kreuzchen in der Wahlkabine nicht nur ihre ganz persönliche Entscheidung war, sondern womöglich Ausdruck gemeinsamer Interessen oder Hoffnungen (auf mehr Kinderbetreuungsplätze, weniger alte Herren im Kabinett oder was auch immer). Sie könnten anfangen, sich als Interessengruppe zu begreifen, Lobbys bilden, Druck machen auf die Parteien, damit die ihre Anliegen berücksichtigen – ja, dies sogar zum wahlentscheidenden Faktor machen.

Zwar wählen Frauen seit Einführung des Frauenwahlrechts anders als Männer – seit Anfang der 70er zum Beispiel eher links und eklatant weniger rechtsaußen –, aber sie wissen es nicht. Und so ist es kein Wunder, dass sie – anders als zum Beispiel in den USA, wo der Gender Gap spätestens seit der Reagan-Wahl 1980 auch medial eine große Rolle spielt – sich eben nicht als Interessengruppe formieren und bei den Parteien zu Wort melden. Und das, obwohl sie die Mehrheit der WählerInnen stellen.

Das war einmal anders. Bei der ersten Wahl, bei der Frauen mitwählen durften, war der Gender Gap noch Thema. Vor allem die Sozialdemokraten sprachen davon, besser gesagt: sie fluchten darüber. Denn es hieß, dass die Frauen, die an diesem 19. Januar 1919 zum ersten Mal den Gang zur Urne antraten, die SPD die absolute Mehrheit gekostet hätten. Mag sein. Später, ab 1972, war es jedenfalls genau umgekehrt: Es waren die Frauen, die der SPD zur Macht verhalfen.

Damals war der Erste Weltkrieg gerade zu Ende gegangen, Kaiser Wilhelm hatte abgedankt und das Land verlassen, und Reichskanzler Max von Baden hatte die Regierung an den Sozialdemokraten Friedrich Ebert übergeben. Einen Tag nach Kriegsende riefen Ebert und sein »Rat der Volksbeauftragten« die Wahlen zur ersten deutschen Nationalversammlung aus. Und sie erklärten die Frauen, die bis zum Schluss mit vereinten Kräften für ihr Stimmrecht gekämpft hatten, für wahlberechtigt. Die nutzten ihr neues Recht massenhaft: Die Wahlbeteiligung lag mit über 82 Prozent praktisch genauso hoch wie die der Männer. Die jungen Frauen treibt es sogar stärker an die Urnen als ihre Altersgenossen: Gut 80 Prozent der Erstwählerinnen werfen ihren Stimmzettel ein – aber nur 60 Prozent der Erstwähler (und Kriegsheimkehrer). Unter den WählerInnen zwischen 20 und 25 Jahren liegt die Differenz bei der Wahlbeteiligung immer noch bei stolzen zehn Prozent.

Bei den ersten Wahlen zur Nationalversammlung werden die Sozialdemokraten mit knapp 38 Prozent stärkste Partei. Zählt man die gut sieben Prozent ihres radikaleren Ablegers, der Unabhängigen Sozialdemokratischen Partei Deutschlands (USPD), dazu, erreichen die linken Parteien im Reichstag 45 Prozent. Wie die Frauen tatsächlich gewählt haben, darüber gibt es nur eine schmale Datenbasis, nämlich die Auszählung von drei Stimmbezirken getrennt nach Geschlecht. In diesen drei Bezirken – Köln, Neustadt und Bruchsal – klafft jedoch in der Tat eine gewaltige Geschlechterlücke: Nur 32 Prozent der Kölnerinnen stimmten für die SPD/USPD (Männer: 46 Prozent), in Neustadt 35 Prozent (Männer: 44 Prozent) und in Bruchsal sogar nur 21 Prozent (Männer: 39 Prozent).

Zwischen 1914 und 1918 verlor die SPD auch über die Hälfte ihrer weiblichen Mitglieder. Der Krieg wird letztendlich für die – zunächst ebenfalls nationalistische und kriegseuphorische – Mehrheit der Sozialdemokratinnen eine Rolle dabei gespielt haben. Denn auch ihre Partei hatte alle Kriegskredite durchgewinkt.

Ein zweiter Grund für den Gender Gap in Sachen Sozialdemokratie liegt zweifellos darin, dass sich die unterschiedlichen Lebenswelten von Frauen und Männern auch auf ihre Parteipräferenzen auswirkten:

Die berufstätigen Männer bewegten sich stärker im Dunstkreis von Gewerkschaften und Arbeitervereinen, die Hausfrauen waren stärker konfessionell verwurzelt und engagierten sich in Gemeinden und kirchlichen Verbänden. Die »klerikale Gefahr« hatten Sozialdemokraten das genannt. Und so überrascht es nicht, dass sich bereits bei dieser ersten Reichstagswahl ein Wahlverhalten der Geschlechter zeigt, das als »Weimarer Muster« bezeichnet wird, sich de facto aber bis Ende der 60er-Jahre in die Bundesrepublik fortsetzt: Frauen wählen weniger links und dafür mehr kirchlich-konservativ. Die Zentrumspartei, Vorläuferin der CDU, bekommt 1919 von weiblichen Wählern 15 bis 20 Prozent mehr Stimmen als von männlichen. Dieser Vorsprung wird sich in den folgenden Jahren auf runde fünf Prozent verringern, aber er bleibt konstant.

Was sich ebenfalls drastisch verringert, ist die Wahlbeteiligung der Frauen. Schon ein Jahr nach dem Paukenschlag am historischen ersten Wahltag gehen statt 84 nur noch 63 Prozent der Frauen zur Wahl. Zwar sind auch die Männer wahlmüder geworden, aber von ihnen geben immerhin 72 Prozent ihre Stimme ab. Es liegt nahe, dass die Frauen desillusioniert sind: Der Aufbruch, den der 19. Januar 1919 symbolisierte, wurde schon bald hart gebremst. Der Anteil der weiblichen Abgeordneten im ersten demokratisch gewählten Parlament beträgt knapp 9 Prozent (ein Anteil, der erst 1983 überschritten werden sollte). Und die neue Regierung aus SPD, Zentrum und der liberalen Deutschen Demokratischen Partei (DDP) hatte rasch zwei äußerst frauenfeindliche Gesetze verabschiedet.

In der »Verordnung über die Freimachung von Arbeitsstellen während der Zeit der wirtschaftlichen Demobilmachung« beschließt die »Weimarer Koalition« im März 1919, dass Frauen, die während des Krieges die Jobs von Männern übernommen hatten, diese wieder räumen müssen: »In erster Linie muss Frauenarbeit möglichst beseitigt werden.« Dem Heim-an-den-Herd-Gesetz folgte im Juli die Verabschiedung der Weimarer Verfassung. »Männer und Frauen haben grundsätzlich dieselben staatsbürgerlichen Rechte und Pflichten«, heißt es da in Artikel 109. Das Wörtchen »grundsätzlich« aber bedeutet: Es gibt Ausnahmen.

Im Familienrecht beispielsweise herrscht die gleiche Entmündigung, gegen die die Frauen schon seit Jahrzehnten heftig gekämpft hatten: Eine Frau gibt mit ihrer Eheschließung ihre Bürgerrechte weitgehend ab. Der Ehemann hat als Familienoberhaupt das Recht auf ihr Geld und die Kinder, er darf ihr Berufstätigkeit verbieten und ihre Kaufverträge kündigen.

Elisabeth Selbert, Sozialdemokratin und Mitglied der verfassunggebenden Versammlung von 1949, weiß, warum sie und die anderen drei »Mütter des Grundgesetzes« so heftig – und erfolgreich – dafür streiten werden, dass das Wort »grundsätzlich« aus dem Gleichheitsgrundsatz in Artikel 3 gestrichen wird. Die fraglichen Gesetze werden dennoch erst 1958 aus dem Bürgerlichen Gesetzbuch entfernt.

Anfang der 1920er-Jahre jedenfalls ziehen sich die weiblichen Wähler, die zunächst so optimistisch an die Urnen getreten sind, wieder zurück. Erst in der zweiten Hälfte des Jahrzehnts wird sich der Gender Gap, der 1924 bei zwölf Prozent liegt, langsam wieder verringern. 1930 liegt er bei sechs Prozent. Jetzt, in Zeiten von Weltwirtschaftskrise und Rekordarbeitslosigkeit, wollen wieder knapp 80 Prozent der Wählerinnen mitbestimmen über das Schicksal ihres Landes.

Angeblich taten sie das auf unglückliche Art und Weise. »Die Frauen haben Hitler an die Macht gewählt.« So lautet der wohl bekannteste Satz über den Gender Gap. Er stimmt nur so nicht. Während der gesamten Zwanzigerjahre waren die weiblichen Wähler der NSDAP gegenüber zurückhaltender als die männlichen. Auch bei der Wahl des Reichspräsidenten 1932 stimmten 36 Prozent der Männer für den künftigen Diktator und 33 Prozent der Frauen. Bei den Reichstagswahlen ab 1932 ist ein Blick auf die regionalen Unterschiede zwingend, denn der zeigt einen enormen Unterschied im Wahlverhalten: Während unter den weiblichen Wählern in protestantischen Gebieten wie Bremen oder Magdeburg tatsächlich durchschnittlich zwei Prozent mehr für die NSDAP stimmten, sieht es in katholischen Regionen genau umgekehrt aus. So stimmten zum Beispiel in Köln oder Regensburg mehr Männer für die Nazis, bis zu sechs Prozent. Hier macht sich die kirchliche Bindung der Frauen bemerkbar, die für so manche zu einem Votum gegen Hitler führt.

Eine der ersten Amtshandlungen der Nationalsozialisten besteht darin, den Frauen das passive Wahlrecht zu entziehen. Frauen dürfen im Dritten Reich also kein politisches Mandat mehr ausüben. Das aktive Wahlrecht wird in den nächsten zwölf Jahren ohnehin für beide Geschlechter Makulatur sein.

Ausgerechnet bei den ersten Bundestagswahlen nach Kriegsende am 14. August 1949 – jenem Jahr, in dem die westdeutschen Frauen durch Massenproteste in der Verfassung den Artikel »Männer und Frauen sind gleichberechtigt« durchgesetzt und sich als ernst zu nehmender politischer Faktor in die Bundesrepublik eingebracht hatten – hielt es niemand für nötig zu erheben, wie die weibliche Bevölkerung gewählt hatte. Die Repräsentative Wahlstatistik wird erst 1953 eingeführt, und sie zeigt: In den folgenden 20 Jahren setzen Frauen das »Weimarer Muster« fort. Als die CDU/CSU unter Konrad Adenauer bei den zweiten Bundestagswahlen mit 43 Prozent wieder stärkste Partei wird, hat sie das vor allem den Frauen zu verdanken, die fast zur Hälfte, nämlich mit 47 Prozent, für die Konservativen stimmen (Männer: 39 Prozent).

Und in der Deutschen Demokratischen Republik? Aus der DDR sind keine geschlechtsspezifischen Analysen bekannt. Allerdings erklärt man sich das unerwartet schlechte Abschneiden der Kommunisten bei den Gemeindewahlen 1946 in der Sowjetisch Besetzten Zone bei den Wählerinnen mit ihrer Reserviertheit den propagierten russischen Freunden gegenüber. Denn die Frauen hatten in der SBZ massenhaft die schmerzliche Erfahrung der Vergewaltigung durch russische Soldaten im und nach dem Krieg gemacht.

In der Bundesrepublik stehen, ganz wie nach Ende des Ersten Weltkriegs, die Zeichen wieder auf Hausfrauisierung. Die Trümmerfrauen sind zurück an den Herd gepfiffen worden und haben die Kittelschürze umgebunden. Familienminister Franz-Josef Wuermeling verkündet die staatliche Pflicht, »der Frau und Mutter den Verzicht auf familienfremde Tätigkeit so weit wie möglich zu erleichtern, weil das Wirken der Hausfrau und Mutter in der Familie für das Gemeinwohl von ungleich höherem Wert ist als der wirtschaftliche Nutzen aus Fabrik- und Büroarbeit«.

Ein Teil der Frauen, der noch tief geprägt ist von der nationalsozialistischen Mutterkreuz-Propaganda und verunsichert von der Reaktion der Kriegsheimkehrer auf den kriegsbedingten Rollenwechsel, hört solche Worte gern. Der andere, der frustriert ist vom »Zurück auf Los« in Sachen Geschlechterrollen, hat von den linken Genossen keine Unterstützung zu erwarten. Die Arbeiter und Gewerkschafter sind klassische Männerbünde, in denen Frauen nur eine marginale Rolle spielen. Die Konservativen verstehen sich immerhin prächtig auf das »Lob der Hausfrau«. Das trägt ihnen, vor allem bei den älteren Frauen, ein Plus von rund acht Prozent ein.

Der Linksruck der Frauen kommt im Westen mit dem Aufbruch der Studenten- und Frauenbewegung. Bereits 1969, als Willy Brandt nach der Großen Koalition erstmals Bundeskanzler wird, ist das Frauendefizit der SPD erheblich abgeschmolzen. 1972 dann wird die SPD mit fast 46 Prozent der Stimmen zum ersten Mal stärkste Partei im Bundestag. Der sozialdemokratische Gender Gap ist nun mit 1,2 Prozent auf Tiefstand. Gleichzeitig ist die Wahlbeteiligung der Frauen, die stets etwa drei Prozent unter der der Männer gelegen hatte, bei diesen Wahlen sprunghaft angestiegen: Über 90 Prozent der Wählerinnen geht diesmal zur Urne (Männer: 91), die höchste Zahl in der Geschichte des Frauenwahlrechts. Die Konservativen hingegen verbuchen Gewinne bei den Männern. Das Statistische Bundesamt verkündet: »Die Frauen verhalfen der SPD in den Sattel.«

Ein Zufall ist das nicht. Ein Jahr zuvor ist auch in Deutschland die Frauenbewegung gestartet. Der § 218 wird zur zentralen Frage, an der sich der Protest der Frauen entzündet – und die SPD scheint die Partei, mit der die Fristenlösung durchgesetzt werden könnte. Die CDU/CSU ist strikt und unverrückbar gegen die Reform, wirklich auf die Fahnen geschrieben hat sie sich nur die FDP (die allerdings bis heute leicht von Männern bevorzugt wird). 1975 wird die sozial-liberale Koalition den straffreien Schwangerschaftsabbruch in den ersten drei Monaten beschließen (ohne Kanzler Brandt, der bei der Abstimmung den Saal verlässt) – ein Jahr später wird das Gesetz aufgrund einer Verfassungsklage der Union vom Verfassungsgericht kassiert. 1980 werden die Sozialdemokraten zum ersten Mal in der Geschichte ihrer Existenz von mehr Frauen als Männern gewählt. Das wird von nun an so bleiben.

Einen konstanten Frauenbonus kann noch eine weitere Partei für sich verbuchen, die nun neu auf die politische Bühne tritt: die Grünen. Zwar sind die weiblichen Wähler zunächst skeptisch gegenüber dieser neuen Truppe aus Turnschuhträgern und Studentenrevoluzzern – wie Frauen generell erheblich zurückhaltender bei Parteien an den linken und rechten Rändern sind. So ist zum Beispiel die KPD in Weimarer Republik und Nachkriegszeit stets eine klare Männerpartei gewesen und wird heute auch Die Linke deutlich von Männern bevorzugt.

Aber in den 80er-Jahren sorgen schon bald Frauenquote sowie Umweltschutz und deklarierter Pazifismus für einen klaren Frauenüberschuss bei den Grünen.

Die Rechtsaußen-Parteien hingegen, die nun immer massiver auf der Bildfläche erscheinen und immer stärkere Wahlerfolge verbuchen können, würden ohne ihre männlichen Wähler in der Versenkung verschwinden. DVU oder Republikaner werden zu zwei Dritteln von Männern gewählt. Dürften nur Frauen an die Urnen, würden alle rechtsradikalen Parteien in Deutschland an der Fünf-Prozent-Hürde scheitern. Auch das sagt niemand.

Als Helmut Kohl 1982 die rotgelbe Koalition ablöst, zunächst via Misstrauensvotum und 1983 via Wahl, da ist der traditionelle Wählerinnenüberschuss der CDU, der 1969 noch knapp zehn Prozent betragen hatte, auf 1,5 Prozent zusammengeschrumpft. Und dieses Plus geht ausschließlich auf das Konto der älteren Wählerinnen. Bei den Frauen unter 35 sind die Konservativen satt im Minus und die Sozialdemokraten im Plus.

Der Regierungswechsel 1998 von Kohl zu Schröder war entscheidend der Tatsache zuzuschreiben, dass rund fünf Prozent der Frauen von der CDU zur SPD abgewandert sind, während die Männer in ihrer Wahlentscheidung konstant blieben. Ebenso eindeutig hat das Herrenduo Schröder/Fischer seine Wiederwahl dem Gender Gap zu verdanken. 2002 wandern fünf Prozent der SPD-Wähler zur CDU ab, während die Mehrheit der Frauen ihr Kreuz erneut bei Rot-Grün machten. Was vermutlich mit der demonstrativen Ablehnung des Irakkriegs durch den Kanzler zu tun haben dürfte, der ansonsten nicht durch seine besondere Affinität zu Frauenfragen auffällt, Stichwort: Gedöns.

Doch kommen wir zur Gretchenfrage: Wählen Frauen Frauen? Manchmal schon. Die weiblichen Wähler, so triumphierte die SPD nach dem knappen Sieg der ersten deutschen Kanzlerin, hätten Merkel zu drei Prozent weniger gewählt als Stoiber 2002. Hier lohnt sich allerdings ein zweiter Blick. Der ergibt erstens: Mehr Frauen als Männer haben 2005 die CDU, sprich Angela Merkel, gewählt. Zweitens: Fast fünf Prozent der SPD-Wählerinnen sind Schröders SPD von der Fahne gegangen, aber nur ein Prozent Merkels CDU. Drittens: Dafür haben sich diesmal mehr Männer gegen die CDU entschieden, nämlich knapp drei Prozent. Die Frage könnte also auch lauten: Wählen Männer Frauen? Die Antwort: Offenbar ungern.

Zumindest in den USA ist die Antwort auf die Frage, ob Frauen einen weiblichen Kandidaten bevorzugen, klar und deutlich beantwortet: Dass Hillary Clinton vor allem bei den Wählerinnen punktete, und zwar vor allem bei solchen ihrer eigenen Altersgruppe, und dass sie in einigen Bundesstaaten ein Plus von zwölf Prozent gegenüber Barack Obama holte, das war in den Vereinigten Staaten Dauerthema in den Medien; ebenso wie die Tatsache, dass der Feldzug gegen die potenzielle Präsidentin mit harten sexistischen Bandagen geführt worden war.

Schon als 1980 Ronald Reagan ins Weiße Haus einzog, hatte die Tatsache, dass der Leinwand-Cowboy a. D. von acht Prozent mehr Männern als Frauen gewählt worden war, zum ersten Mal das unterschiedliche Wahlverhalten der Geschlechter zum Thema gemacht. Bill Clinton wird später ein Frauenplus von elf Prozent verzeichnen, und spätestens jetzt macht ein geflügeltes Wahl-Wort die Runde: »It's the women, stupid!« – Auf die Frauen kommt es an, du Blödmann. (Diese Abwandlung des ursprünglichen Spruches »It's the economy, stupid!«, der auf die wirtschaftlichen Erfolge eines Präsidenten abhob, zeigt, wie ernst der Gender Gap andernorts genommen wird.)

Auch mindestens eine deutsche Politikerin weiß sicher, dass die weibliche Wählerschaft zu erdrutschartigen Siegen verhelfen kann: Andrea Ypsilanti. Dass Roland Koch bei den Hessen-Wahlen am 27. Januar 2008 rot sah, hat sie vor allem den Frauen, insbesondere den jungen Frauen zu verdanken.

38 Prozent der Hessinnen wählten die Kandidatin, die nicht nur in den frauenaffinen Bereichen Bildungs- und Umweltpolitik Innovation versprach, sondern auch mit ihrer Patchworkfamilien-WG die Abkehr vom Hausfrauenmodell vorlebt. Hätten die Frauen unter 30 allein wählen dürfen, hätte Ypsilanti fast allein regieren können: In dieser Alters- und Geschlechtsgruppe bekam sie 48 Prozent der Stimmen. Zusammen mit den Grünen, für die noch einmal zwölf Prozent der Jungwählerinnen votierten, wäre Rot-Grün der Zweidrittelmehrheit nahe gewesen.

Nun steht uns also das Wahljahr 2009 bevor. Die CDU/CSU-Frauen mahnen innerhalb ihrer Parteien schon seit Jahren ein stärkeres Engagement für Frauen an. Und in der Tat ist mit von der Leyen & Co. ja auch so einiges in Gang gekommen. Vor allem aber haben die Konservativen, ob sie wollen oder nicht, einen Trumpf in der Hand: die Kanzlerin.

Wir dürfen gespannt sein, ob die Parteien wenigstens heimlich ihre Wahlanalysen studieren – und ob sie den Frauen diesmal etwas zu bieten haben im Wahlkampf. Ebenso stellt sich die dringliche Frage, ob die KollegInnen in den TV-Wahlstudios endlich die Objektivität haben werden, auch das Wahlverhalten der Geschlechter zum Thema zu machen. Denn eine Realität ist der Gender Gap ja schon lange. It's the women, stupid.

CHANTAL LOUIS | EMMA 6/2008

BILDNACHWEIS

INNENTEIL UND UMSCHLAGRÜCKSEITE

10, 14, 127	Bettina Flitner
20/21	siehe Einzelporträts
22	SZ Photo/A. Strobel
23	action press/Hilgemann, Georg
30/31	Büro Bärbel Höhn
38	Melanie Huml, privat
39	Anny Maurer
46	Büro Katja Kipping
47	Marc Darchinger
54	ddp
55	Büro Silvana Koch-Mehrin
62	Doris Spruda
63	SPD-Landtagsfraktion
70	Andreas Amann
71	Büro Renate Künast
78	ddp
79	Bundesministerium für Familie, Senioren, Frauen und Jugend
86	Deutscher Bundestag, Heribert Bode
87	Büro Ursula Männle
94	picture-alliance/dpa/dpaweb
95	Büro Andrea Nahles
102, 103	Petra Pau, privat
110	Petra Roth, privat
111	Stadt Frankfurt am Main
118	Landesmedienzentrum Baden-Württemberg, Stuttgart
119	Büro Annette Schavan

126	Ulla Schmidt, privat
134, 142	Archiv Landtag NRW
135	picture-alliance/dpa
143	Sabine Bomblat
150	Barbara Wilcken, privat
151	Hamburger Abendblatt, Klaus Bodig
158	Jupp Darchinger
159	Marcus Zumbansen
166, 167	National Museum of American History, Smithonian Institution
170 oben	The Fawcett Library
171 oben links	Library of Congress
171 oben rechts und unten	Collection of Antonia Raeburn
172 oben, 173, 174, 175 unten	ullstein bild
172 Mitte	Heribert Sturm
172 unten	Schwimmer-Lloyd Collection/The New York Public Library
175 oben	Landesarchiv Berlin
179	Schlesinger Library, Radcliffe College
183 links	John Opie, Private Collection

Soweit es möglich war, hat der Verlag die Copyright-Fragen zu den Fotos geklärt. Nicht erwähnte Inhaber von Bildrechten werden gebeten, sich beim Verlag Kiepenheuer & Witsch zu melden.